윌리엄 트위스의 교리문답

기독교 교리에 대한 간략한 교리문답

윌리엄 트위스의 교리문답

초판 1쇄 인쇄 _ 2019년 4월 5일
초판 1쇄 발행 _ 2019년 4월 5일

저　자 _ 윌리엄 트위스

펴낸곳 _ 고백과 문답
등　록 _ 제2016-000127호
주　소 _ 서울특별시 영등포구 가마산로65길 15-4 (신길동)
전　화 _ 02-586-5451
이메일 _ largoviva@gmail.com

편　집 _ 권연숙
인　쇄 _ 이레아트 02-2278-1886
총　판 _ (주)비전북 031-907-3927

ISBN 979-11-958998-5-2

윌리엄 트위스의 교리문답

기독교 교리에 대한 간략한 교리문답

윌리엄 트위스 저 / 문원호 역

고백과문답

『　기독교 교리에 대한
간략한 교리문답적 해설 』

다음의 교리를 포함하는,
네 가지 교리문답.

―――――

1. 두 성례
2. 주기도문
3. 십 계 명
4. 사도신경

『역자 서언』

주님께서 가르쳐 주신 기도 내용 중에 "나라가 임하시오며"라고 하는 기도의 문구가 있습니다. 하나님의 이름이 거룩히 여겨지기 위해서는 은혜의 왕국이 더욱 성장하고 확장되기를 기도하는 것이지요.

은혜의 왕국에 속한 그리스도인들이 하는 기도는, 하나님을 아는 일과 그가 보내신 예수 그리스도를 아는 일에 힘쓰는 가운데 하는 기도여야만 할 것입니다. 특히 이단들이 속해있는 사탄의 왕국이 확장되는 것에 맞서서 하나님 나라 백성인 장로교인들이 마땅히 갖추어야 할 무장이란 과연 무엇이며, 그처럼 준비한 무장은 도대체 어디에 있는 것입니까? 신앙생활을 거의 평생 동안을 해왔음에도 우리가 가야할 신앙의 마땅한 도리에 관해서는 그 기초도 모르는 성도들이 수없이 많고, 미혹의 영에 시험을 당하는 일들은 또 얼마나 빈번하게 발생하고 있는가 말입니다.

현실이 이와 같은 이상, 정통 장로교회의 교리들을 잘 배우고 익혀야만 이 땅의 전투하는 교회로서 능히 주님의 능력 가운데서 승리할 수 있을 것입니다. 바로 그러한 승리의 역사 가운데 유명한 웨스트민스터 총회의 유산들은, 바로 이 땅의 전투하는 교회들이 갖출 견고한 무기고라 할 것입니다. 그러므로 위대한 장로교회의 신앙의 초석을 다진 웨스트민스터 총회의 의장이었던 월리엄 트위스가 남긴 교리문답으로부터 얻는 유익은 이루 말할 수 없는 것입니다.

이 지면을 통해 미약한 자와 결혼하여 14년 동안 늘 곁에서 고난을 함께 잘 견디면서 가장 큰 힘이 되어준 사랑스러운 아내 이정화, 그리고 사랑하는 아들 정원이와 사랑하는 딸 초원이에게 남편이자 아빠로서의 고마움과 진심어린 사랑의 마음을 전하고자 합니다. 육체의 고통 중에도 주를 사모하는 어머니, 늘 보살펴 주시는 장모님, 그리고 이름도 빛도 없이 사역하는 이 자를 늘 후원해 주시는 김복미 권사님께 감사를 드립니다. 늘 배려와 사랑을 주시는 선배이자 형수인 임경원님, 뿐만 아니라 이 글을 함께 초역했던 안양대학교 신학대학원 조직신학회의 이규용, 김교훈, 김지곤, 김진국 목사, 아울러 주향교회의 여러 성도들께도 진심과 사랑을 담은 감사를 표합니다. 무엇보다 이 책을 읽는 독자이신 모든 성도들에게 하나님 아버지와 우리 구주 예수 그리스도의 은혜와 평강이 함께 하기를 온 마음으로 기도하는 바입니다.

2019년 1월

문원호 목사

『윌리엄 트위스(William Twisse, 1578~1646)에 관하여』

 윌리엄 트위스는 영국의 저명한 목사요 신학자로서, 그는 웨스트민스터 총회의 의장에 임명되었던 인물이다(1643년 6월 12일). 스코틀랜드 장로교회의 회원이었던 로버트 베일리는, 그를 "매우 선하고, 모두로부터 사랑을 받으며, 오직 학문에 열중하는" 사람으로 언급했다.

그의 일생을 간단히 살펴보자면, 그는 일찍이 1578년에 독일계인 두 부모들 사이에서 태어났다. 이후로 장성한 그는 Winchester College and New College, Oxford에서 B.A.와 M.A.를 취득했다. 그는 잉글랜드의 제임스 1세 때인 1612년에, 보헤미아의 엘리자베스(Elizabeth)에게 목사로 임명을 받았다. 그러나 그 직책은 오래 가지 못했고, 1613년경 하이델베르크에서 잉글랜드로 돌아 왔다. 잉글랜드로 돌아온 후에 그는 1620년부터 뉴버리 (Newbury)의 교구 목사로 봉직했다. 거기서 그는 William Laud의 대적으로서 널리 알려졌다. 그는 목사이자 대학교수로서, 목회사역과 더불어 학생들을 가르치는 사역을 감당하였으며, 1643년에 Westminster 총회의 의장으로 임명되었다. 그런데 그는 이 자리를 마지못해 받아들였다고 한다. 실제로 총회 회의록을 살펴보면 "의장(트위스)은 매우 병약했고

많은 스트레스를 받았다."고 기록하고 있다. 그 뒤로 1645년에 트위스는 강단에서 설교 중에 쓰러졌으며, 일 년 후에 세상을 떠났다 (1646년 7월 20일). 그는 성대한 행렬 속에서 Westminster Abbey에 안장되었지만, 1661년에 그의 유골은 파헤쳐졌고 그의 남은 유물들은 다른 많은 의원들과 함께 성 Margaret에 있는 교회 마당에 있는 웅덩이에 안치되었다. 한편, 그의 작품으로는 『그리스도인들을 여전히 구속하는 것으로서, 제 4계명의 도덕성에 대하여』와 『하나님의 사랑의 부요함』 그리고 『은혜와 예정에 대한 다섯 가지 요점』 등이 있다. 그는 칼빈주의의 타락전 선택설에 대한 강한 옹호자였는데, 1632년에 『은혜의 변호』라는 저술에서 야코부스 아르미니우스를 강하게 논박했다. 그러나 안타깝게도 그러한 트위스의 견해는 웨스트민스터 총회에서조차 소수에 속했다고 한다.

목 차

———

I.

성례들(sacraments)에 관한
첫 교리문답

01. 하나님의 말씀은 천국에 이르도록 얼마나 많은 길들을 우리에게 가르칩니까?

답. 둘입니다.¹⁾

1) 렘 31:1,31-33 "1.여호와의 말씀이니라 그 때에 내가 이스라엘 모든 종족의 하나님이 되고 그들은 내 백성이 되리라. 31-33. 여호와의 말씀이니라 보라 날이 이르리니 내가 이스라엘 집과 유다 집에 새 언약을 맺으리라 이 언약은 내가 그들의 조상들의 손을 잡고 애굽 땅에서 인도하여 내던 날에 맺은 것과 같지 아니할 것은 내가 그들의 남편이 되었어도 그들이 내 언약을 깨뜨렸음이라 여호와의 말씀이니라 그러나 그 날 후에 내가 이스라엘 집과 맺을 언약은 이러하니 곧 내가 나의 법을 그들의 속에 두며 그들의 마음에 기록하여 나는 그들의 하나님이 되고 그들은 내 백성이 될 것이라 여호와의 말씀이니라."

02. 그것들은 무엇입니까?

답. 율법²⁾과 복음³⁾입니다.

2) 막 10:17,19 "17. 예수께서 길에 나가실새 한 사람이 달려와서 꿇어 앉아 묻자오되 선한 선생님이여 내가 무엇을 하여야 영생을 얻으리이까? 19.네가 계명을 아나니 살인하지 말라, 간음하지 말라, 도둑질하지 말라, 거짓 증언 하지 말라, 속여 빼앗지 말라, 네 부모를 공경하라 하였느니라."
3) 롬 1:16 "내가 복음을 부끄러워하지 아니하노니 이 복음은 모든 믿는 자에게 구원을 주시는 하나님의 능력이 됨이라 먼저는 유대인에게요 그리고 헬라인에게로다"

03. 율법은 무엇을 말합니까?

답. 이것을 행하라, 그리하면 너희가 살 것이니라.⁴⁾

4) 신 30:16 "곧 내가 오늘 네게 명령하여 네 하나님 여호와를 사랑하고 그 모든 길로 행하며 그의 명령과 규례와 법도를 지키라 하는 것이라 그리하면 네가 생존

하며 번성할 것이요 또 네 하나님 여호와께서 네가 가서 차지할 땅에서 네게 복을 주실 것임이니라"

겔 20:11 "사람이 준행하면 그로 말미암아 삶을 얻을 내 율례를 주며 내 규례를 알게 하였고"갈 3:12 "율법은 믿음에서 난 것이 아니니 율법을 행하는 자는 그 가운데서 살리라 하였느니라"

04. 복음은 무엇을 말합니까?

답. 예수 그리스도를 믿으라, 그리하면 너희가 구원받을 것이니라.[5]

5) 막 16:16 "믿고 세례를 받는 사람은 구원을 얻을 것이요 믿지 않는 사람은 정죄를 받으리라"

05. 우리가 하나님의 율법의 길에 의해 천국에 갈 수 있습니까?

답. 없습니다.[6]

6) 갈 3:21 "그러면 율법이 하나님의 약속들과 반대되는 것이냐 결코 그럴 수 없느니라 만일 능히 살게 하는 율법을 주셨더라면 의가 반드시 율법으로 말미암았으리라"

06. 왜 그렇습니까?

답. 우리가 율법을 행할 수 없기 때문입니다.[7]

7) 롬 8:3 "율법이 육신으로 말미암아 연약하여 할 수 없는 그것을 하나님은 하시나니 곧 죄로 말미암아 자기 아들을 죄 있는 육신의 모양으로 보내어 육신에 죄를 정하사"

07. 어찌하여 우리는 율법을 행할 수 없습니까?

답. 우리는 모두 죄(Original sin) 가운데 태어나기 때문입니다.[8]

> 8) 엡 2:3 "전에는 우리도 다 그 가운데서 우리 육체의 욕심을 따라 지내며 육체와 마음의 원하는 것을 하여 다른 이들과 같이 본질상 진노의 자녀이었더니"
> 요 9:34 "그들이 대답하여 이르되 네가 온전히 죄 가운데서 나서 우리를 가르치느냐 하고 이에 쫓아내어 보내니라"
> 시 51:5 "내가 죄악 중에서 출생하였음이여 어머니가 죄 중에서 나를 잉태하였나이다"

08. 죄 가운데 태어난다는 것은 무슨 말입니까?

답. 본성적으로 악의 경향이 있고[9], 선한 것에 비뚤어졌다는 말입니다.[10]

> 9) 골 1:21 "전에 악한 행실로 멀리 떠나 마음으로 원수가 되었던 너희를"
> 10) 시 51:3 "무릇 나는 내 죄과를 아오니 내 죄가 항상 내 앞에 있나이다"

09. 우리가 모두 죄 가운데 태어나는 것은 무엇 때문입니까?

답. 우리의 첫 조상 아담의 죄 때문입니다.[11]

> 11) 롬 5:19 "한 사람이 순종하지 아니함으로 많은 사람이 죄인 된 것 같이 한 사람이 순종하심으로 많은 사람이 의인이 되리라"

10. 그렇다면 당신은 천국에 들어가기 위해 어떤 길을 소망합니까?

답. 복음에 의한 길입니다.[12]

> 12) 고후 2:16 "이 사람에게는 사망으로부터 사망에 이르는 냄새요 저 사람에게는 생명으로부터 생명에 이르는 냄새라 누가 이 일을 감당하리요"

11. 복음은 무엇입니까?

답. 예수 그리스도에 의한 구원의 기쁜 소식입니다.[13]

13)엡 1:13 "그 안에서 너희도 진리의 말씀 곧 너희의 구원의 복음을 듣고 그 안에서 또한 믿어 약속의 성령으로 인치심을 받았으니"
딤후 1:1 "하나님의 뜻으로 말미암아 그리스도 예수 안에 있는 생명의 약속대로 그리스도 예수의 사도 된 바울은"

12. 누구에게 이 기쁜 소식이 주어집니까? 의인들에게 주어지는 것입니까?

답. 아닙니다.

13. 왜 그렇습니까?

답. 두 가지 이유 때문입니다.

14. 첫째는 무엇입니까?

답. 의롭고, 죄를 짓지 않는 자는 한 사람도 없기 때문입니다.[14]

14) 요일 1:8 "만일 우리가 죄가 없다고 말하면 스스로 속이고 또 진리가 우리 속에 있지 아니할 것이요"
왕상 8:46 "범죄하지 아니하는 사람이 없사오니 그들이 주께 범죄함으로 주께서 그들에게 진노하사 그들을 적국에게 넘기시매 적국이 그들을 사로잡아 원근을 막론하고 적국의 땅으로 끌어간 후에"
약 3:2 "우리가 다 실수가 많으니 만일 말에 실수가 없는 자라면 곧 온전한 사람이라 능히 온 몸도 굴레 씌우리라"

15. 다른 이유는 무엇입니까?

답. 만약 우리가 의롭다면, 즉 죄가 없다고 한다면, 그리스도 예수에 대하여
우리는 어떤 필요성도 가지지 않을 것이기 때문입니다.[15]

> 15) 마 9:12 "예수께서 들으시고 이르시되 건강한 자에게는 의사가 쓸 데 없고 병
> 든 자에게라야 쓸 데 있느니라"

16. 그렇다면 누구에게 이 기쁜 소식이 주어집니까?

답. 죄인들에게 주어집니다.[16]

> 16) 딤전 1:15 "미쁘다 모든 사람이 받을 만한 이 말이여 그리스도 예수께서 죄인
> 을 구원하시려고 세상에 임하셨다 하였도다 죄인 중에 내가 괴수니라"

17. 모든 죄인들에게 주어진다는 말입니까?

답. 아닙니다.[17]

> 17) 고후 4:3 "만일 우리의 복음이 가리웠으면 망하는 자들에게 가리어진 것이라"
> 행 13:46 "바울과 바나바가 담대히 말하여 이르되 하나님의 말씀을 마땅히 먼저
> 너희에게 전할 것이로되 너희가 그것을 버리고 영생을 얻기에 합당하지 않은 자로
> 자처하기로 우리가 이방인에게로 향하노라"

18. 그렇다면 누구에게 주어집니까?

답. 믿고[18] 회개하는[19] 그러한 자들에게만 주어집니다.
이것이 천국에 이르는 바른 길을 아는 첫째 교훈입니다.
그리고 이것은 율법과 복음 사이의 차이성을 아는 것에 있습니다.

18) 벧전 2:7,8 "그러므로 믿는 너희에게는 보배이나 믿지 아니하는 자에게는 건축자들이 버린 그 돌이 모퉁이의 머릿돌이 되고 또한 부딪치는 돌과 걸려 넘어지게 하는 바위가 되었다 하였느니라 그들이 말씀을 순종하지 아니하므로 넘어지나니 이는 그들을 이렇게 정하신 것이라"

19) 롬 2:5 "다만 네 고집과 회개하지 아니한 마음을 따라 진노의 날 곧 하나님의 의로우신 심판이 나타나는 그 날에 임할 진노를 네게 쌓는도다"

19. 율법은 무엇을 요구합니까?

답. 우리는 죄가 없어야 한다는 것입니다.[20]

20) 갈 3:10 "무릇 율법 행위에 속한 자들은 저주 아래에 있나니 기록된 바 누구든지 율법 책에 기록된 대로 모든 일을 항상 행하지 아니하는 자는 저주 아래에 있는 자라 하였음이라"

20. 복음은 무엇을 요구합니까?

답. 우리가 우리의 죄를 고백하고[21] 우리의 삶을 고쳐야 하며[22], 그런 다음 그리스도를 믿는 믿음으로 말미암아[23] 우리가 구원을 받아야 한다는 것입니다.

21) 마 3:6 "자기들의 죄를 자복하고 요단 강에서 그에게 세례를 받더니"
요일 1:9 "만일 우리가 우리 죄를 자백하면 그는 미쁘시고 의로우사 우리 죄를 사하시며 우리를 모든 불의에서 깨끗하게 하실 것이요"
22) 막 1:4 " 세례 요한이 광야에 이르러 죄 사함을 받게 하는 회개의 세례를 전파하니"
마 9:13 " 너희는 가서 내가 긍휼을 원하고 제사를 원하지 아니하노라 하신 뜻이 무엇인지 배우라 나는 의인을 부르러 온 것이 아니요 죄인을 부르러 왔노라 하시니라"
23) 엡 2:8 "너희는 그 은혜에 의하여 믿음으로 말미암아 구원을 받았으니 이것은 너희에게서 난 것이 아니요 하나님의 선물이라"

21. 율법은 무엇을 요구합니까?

답. 완전한 순종을 요구합니다.[24]

> 24) 약 2:10 "누구든지 온 율법을 지키다가 그 하나를 범하면 모두 범한 자가 되나니"

22. 복음은 무엇을 요구합니까?

답. 믿음과 참된 회개를 요구합니다.[25]

> 25) 막 1:15 "이르시되 때가 찼고 하나님의 나라가 가까이 왔으니 회개하고 복음을 믿으라 하시더라"
> 히 6:1 "그러므로 우리가 그리스도의 도의 초보를 버리고 죽은 행실을 회개함과 하나님께 대한 신앙과"

23. 예수 그리스도께서 죄인들을 구원하기 위해서 세상에 오셨다는, 이 교훈을 당신은 어디에서 배웁니까?

답. 하나님의 말씀 안에서 배웁니다.[26]

26) 딤전 1:15 "미쁘다 모든 사람이 받을 만한 이 말이여 그리스도 예수께서 죄인을 구원하시려고 세상에 임하셨다 하였도다 죄인 중에 내가 괴수니라"

24. 그밖에 어디에서 배웁니까?

답. 하나님의 성례에서 배웁니다
만약 우리들이 성례가 무엇인지를 이해한다면, 우리들이 쉽게 깨달을 수 있듯이, 모든 성례는 우리에게 이 교훈을 가르칩니다.

25. 성례란 무엇입니까?

답. 은혜의 거룩한 표(sign)와 인(seal)입니다.[27]

27) 롬 4:11 "그가 할례의 표를 받은 것은 무할례시에 믿음으로 된 의를 인친 것이니 이는 무할례자로서 믿는 모든 자의 조상이 되어 그들도 의로 여기심을 얻게 하려 하심이라"

26. 당신은 얼마나 많은 성례들을 가집니까?

답. 두 가지입니다.

27. 그것들은 어떤 것입니까?

답. 세례[28]와 주의 만찬입니다.[29]

28) 마 28:19 "그러므로 너희는 가서 모든 민족을 제자로 삼아 아버지와 아들과 성령의 이름으로 세례를 베풀고"

29) 마 26:26 "그들이 먹을 때에 예수께서 떡을 가지사 축복하시고 떼어 제자들에게 주시며 이르시되 받아서 먹으라 이것은 내 몸이니라 하시고"

고전 11:23 "내가 너희에게 전한 것은 주께 받은 것이니 곧 주 예수께서 잡히시던 밤에 떡을 가지사"

28. 세례에 있어 표(sign)는 무엇입니까?

답. 물로 씻는 것에 의해 아이들(child)의 얼굴이나 몸을 깨끗케 하는 것입니다.[30]

30) 벧전 3:21 "물은 예수 그리스도께서 부활하심으로 말미암아 이제 너희를 구원하는 표니 곧 세례라 이는 육체의 더러운 것을 제하여 버림이 아니요 하나님을 향한 선한 양심의 간구니라"

고전 6:11 "너희 중에 이와 같은 자들이 있더니 주 예수 그리스도의 이름과 우리 하나님의 성령 안에서 씻음과 거룩함과 의롭다 하심을 받았느니라"

29. 표명되는 은혜는 무엇입니까?

답. 그리스도의 피로 씻는 것에 의해[31] 죄로부터 아이들의 영혼을 깨끗케 하는 것입니다.[32]

31) 요일 1:7 "그가 빛 가운데 계신 것 같이 우리도 빛 가운데 행하면 우리가 서로 사귐이 있고 그 아들 예수의 피가 우리를 모든 죄에서 깨끗하게 하실 것이요"

32) 행 2:38 "베드로가 이르되 너희가 회개하여 각각 예수 그리스도의 이름으로 세례를 받고 죄 사함을 받으라 그리하면 성령의 선물을 받으리니"

행 22:16 "이제는 왜 주저하느냐 일어나 주의 이름을 불러 세례를 받고 너의 죄를 씻으라 하더라"

30. 그리스도는 하늘에 계시고, 우리는 땅에 있습니다. 그런데 어떻게 그의 피가 우리의 영혼을 씻을 수 있습니까?

답. 믿음에 의해섭니다.[33]

33) 롬 3:25 "이 예수를 하나님이 그의 피로써 믿음으로 말미암는 화목제물로 세우셨으니 이는 하나님께서 길이 참으시는 중에 전에 지은 죄를 간과하심으로 자기의 의로우심을 나타내려 하심이니"
롬 5:6 "우리가 아직 연약할 때에 기약대로 그리스도께서 경건하지 않은 자를 위하여 죽으셨도다"

31. 아이들이 믿음을 소유합니까?

답. 아닙니다. 왜냐하면 믿음은 들음에서 나며, 들음은 하나님의 말씀에서 나기 때문입니다.[34]

34) 롬 10:17 "그러므로 믿음은 들음에서 나며 들음은 그리스도의 말씀으로 말미암았느니라"

32. 그렇다면 그들은 왜 세례를 받습니까?

답. 하나님께서는 그들 부모들의 믿음을 받아들이시기 때문입니다.[35]

35) 고전 7:14 "믿지 아니하는 남편이 아내로 말미암아 거룩하게 되고 믿지 아니하는 아내가 남편으로 말미암아 거룩하게 되나니 그렇지 아니하면 너희 자녀도 깨끗하지 못하니라 그러나 이제 거룩하니라"
창 17:7 "내가 내 언약을 나와 너 및 네 대대 후손 사이에 세워서 영원한 언약을 삼고 너와 네 후손의 하나님이 되리라"

33. 우리들은 세례에 의해 죄로부터 깨끗케 됩니다. 그러나 우리는 죄가 없게 됩니까?

답. 아닙니다.[36]

> 36) 요일 1:8 "만일 우리가 죄가 없다고 말하면 스스로 속이고 또 진리가 우리 속에 있지 아니할 것이요"

34. 그렇다면 어찌하여 우리가 죄로부터 깨끗하게 되었다고 하는 것입니까?

답. 두 가지 이유 때문입니다.

35. 첫째는 무엇입니까?

답. 우리가 죄의 형벌로부터 자유하게 되었기 때문입니다.[37]

> 37) 갈 3:10,13 "무릇 율법 행위에 속한 자들은 저주 아래에 있나니 기록된 바 누구든지 율법 책에 기록된 대로 모든 일을 항상 행하지 아니하는 자는 저주 아래에 있는 자라 하였음이라. 13. 그리스도께서 우리를 위하여 저주를 받은 바 되사 율법의 저주에서 우리를 속량하셨으니 기록된 바 나무에 달린 자마다 저주 아래에 있는 자라 하였음이라"
> 살전 1:10 "또 죽은 자들 가운데서 다시 살리신 그의 아들이 하늘로부터 강림하실 것을 너희가 어떻게 기다리는지를 말하니 이는 장래의 노하심에서 우리를 건지시는 예수시니라"

36. 죄의 형벌은 무엇입니까?

답. 죽음입니다.[38]

> 38) 롬 6:23 "죄의 삯은 사망이요 하나님의 은사는 그리스도 예수 우리 주 안에 있는 영생이니라"

창 2:17 " 선악을 알게 하는 나무의 열매는 먹지 말라 네가 먹는 날에는 반드시 죽으리라 하시니라"

37. 어떻게 우리가 죄로부터 자유하게 됩니까?

답. 그리스도께서 우리를 위해 죽으셨습니다.[39]

39) 갈 3:13 "그리스도께서 우리를 위하여 저주를 받은 바 되사 율법의 저주에서 우리를 속량하셨으니 기록된 바 나무에 달린 자마다 저주 아래에 있는 자라 하였음이라"

38. 다른 이유는 무엇입니까?

답. 우리가 죄의 권세로부터 자유하게 되기 때문입니다.[40]

40) 롬 6:6,7,12 "6. 우리가 알거니와 우리의 옛 사람이 예수와 함께 십자가에 못박힌 것은 죄의 몸이 죽어 다시는 우리가 죄에게 종 노릇 하지 아니하려 함이니 7. 이는 죽은 자가 죄에서 벗어나 의롭다 하심을 얻었음이라 12. 그러므로 너희는 죄가 너희 죽을 몸을 지배하지 못하게 하여 몸의 사욕에 순종하지 말고"

39. 죄의 권세로부터 자유하게 된다는 것이 무엇입니까?

답. 비록 죄가 우리 안에 거할지라도[41], 그 죄가 우리를 지배하지 못할 것입니다.

41) 롬 7:17 "이제는 그것을 행하는 자가 내가 아니요 내 속에 거하는 죄니라"
롬 6:14 "죄가 너희를 주장하지 못하리니 이는 너희가 법 아래에 있지 아니하고 은혜 아래에 있음이라"

40. 당신은 어떻게 죄가 당신을 지배하는지 혹은 지배하지 않는지를 압니까?

답. 회개에 의해서입니다. 만약 우리가 회개한다면 죄는 우리를 지배하지 못하지만, 그렇지 않으면 죄가 우리를 지배합니다.[42]

42) 딤후 2:26 "그들로 깨어 마귀의 올무에서 벗어나 하나님께 사로잡힌 바 되어 그 뜻을 따르게 하실까 함이라"

41. 이 성례(세례)가 우리에게 어떤 교훈을 가르칩니까?

답. 참으로 물이 아이의 얼굴을 씻어 깨끗하게 하듯이[43], 참으로 그리스도의 피가[44] 우리의 영혼을 씻어 깨끗하게 합니다.

43) 벧전 3:21 "물은 예수 그리스도께서 부활하심으로 말미암아 이제 너희를 구원하는 표니 곧 세례라 이는 육체의 더러운 것을 제하여 버림이 아니요 하나님을 향한 선한 양심의 간구니라"
왕하 5:13 " 그의 종들이 나아와서 말하여 이르되 내 아버지여 선지자가 당신에게 큰 일을 행하라 말하였더면 행하지 아니하였으리이까 하물며 당신에게 이르기를 씻어 깨끗하게 하라 함이리이까 하니"
44) 요일 1:7 "그가 빛 가운데 계신 것 같이 우리도 빛 가운데 행하면 우리가 서로 사귐이 있고 그 아들 예수의 피가 우리를 모든 죄에서 깨끗하게 하실 것이요"

42. 주의 만찬에 있어 표(sign)는 무엇입니까?

답. 몸의 영양분이 되도록⁴⁵⁾ 떡을 먹고, 포도주를 마시는 것입니다.⁴⁶⁾

> 45) 시 104:15 "사람의 마음을 기쁘게 하는 포도주와 사람의 얼굴을 윤택하게 하는 기름과 사람의 마음을 힘있게 하는 양식을 주셨도다"
> 46) 마 26:26,27 "그들이 먹을 때에 예수께서 떡을 가지사 축복하시고 떼어 제자들에게 주시며 이르시되 받아서 먹으라 이것은 내 몸이니라 하시고 또 잔을 가지사 감사기도 하시고 그들에게 주시며 이르시되 너희가 다 이것을 마시라"

43. 표명된 은혜는 무엇입니까?

답. 우리 영혼의 영양분이 되도록 그리스도의 몸을 먹고, 그리스도의 피를 마시는 것입니다.

44. 그리스도께서는 하늘에 계시고, 우리는 땅에 있습니다. 어떻게 우리가 그의 몸을 먹고 그의 피를 마실 수 있습니까?

답. 믿음에 의해서입니다. 우리 구주께서는 그렇게 말씀하셨습니다. 요 6:35 "내게 오는 자는 결코 주리지 아니할 터이요, 나를 믿는 자는 영원히 목마르지 아니하리라." 그러므로 그를 믿는 것이 그를 마시는 것입니다. 그리고 그 이유를 숙고해야 합니다.

45. 그리스도인으로서 갖는 주림과 목마름은 무엇입니까?

답. 그리스도인의 삶을 보존하려는 욕구(appetite)입니다.

46. 그것은 무엇입니까?

답. 우리 죄들의 용서와 우리 영혼의 구원을 위한 하나님의 호의(favor)입니다.[47]

47) 시 4:6,7 "여러 사람의 말이 우리에게 선을 보일 자 누구뇨 하오니 여호와여 주의 얼굴을 들어 우리에게 비추소서 주께서 내 마음에 두신 기쁨은 그들의 곡식과 새 포도주가 풍성할 때보다 더하니이다 "

시 32:3-5 "내가 입을 열지 아니할 때에 종일 신음하므로 내 뼈가 쇠하였도다 주의 손이 주야로 나를 누르시오니 내 진액이 빠져서 여름 가뭄에 마름 같이 되었나이다(셀라).내가 이르기를 내 허물을 여호와께 자복하리라 하고 주께 내 죄를 아뢰고 내 죄악을 숨기지 아니하였더니 곧 주께서 내 죄악을 사하셨나이다 셀라"

47. 이 주림을 만족시키고, 목마름을 가라앉히기 위한 그 다음의 방법은 무엇입니까?

답. 예수 그리스도께서 우리의 죄들을 위해 그의 몸을 십자가에 못 박히도록, 그리고 그의 피를 흘리도록 주셨음을 믿는 것입니다.[48]

48) 요 6:34,35 "34. 그들이 이르되 주여 이 떡을 항상 우리에게 주소서 35.예수께서 이르시되 나는 생명의 떡이니 내게 오는 자는 결코 주리지 아니할 터이요 나를 믿는 자는 영원히 목마르지 아니하리라"

요 4:14 "내가 주는 물을 마시는 자는 영원히 목마르지 아니하리니 내가 주는 물은 그 속에서 영생하도록 솟아나는 샘물이 되리라"

48. 이 성례가 우리에게 어떤 교훈을 가르칩니까?

답. 참으로 우리가 먹는 빵과 우리가 마시는 포도주가 우리의 몸을 성장시키고 기운을 북돋우는 것처럼, 만약 우리가 믿음으로 그것들을 먹고 마신다면[49] 그리스도의 몸과 피가 우리의 영혼들에게 영생에 이르도록 영양

분을 줄 것입니다.[50]

49) 요 6:40 "내 아버지의 뜻은 아들을 보고 믿는 자마다 영생을 얻는 이것이니 마지막 날에 내가 이를 다시 살리리라 하시니라"
50) 요 6:27,33,35 "27. 썩을 양식을 위하여 일하지 말고 영생하도록 있는 양식을 위하여 하라 이 양식은 인자가 너희에게 주리니 인자는 아버지 하나님께서 인치신 자니라 33. 하나님의 떡은 하늘에서 내려 세상에 생명을 주는 것이니라 35. 예수께서 이르시되 나는 생명의 떡이니 내게 오는 자는 결코 주리지 아니할 터이요 나를 믿는 자는 영원히 목마르지 아니하리라"

49. 주의 만찬을 가치 있게 받도록 우리를 준비시키기 위해서는 얼마나 많은 것들이 요구됩니까?

답. 네 가지입니다.

50. 우선 두 가지는 무엇입니까?

답. '지식'[51]과 '믿음'입니다.[52]

51) 고전 11:28,29 "사람이 자기를 살피고 그 후에야 이 떡을 먹고 이 잔을 마실지니 주의 몸을 분별하지 못하고 먹고 마시는 자는 자기의 죄를 먹고 마시는 것이니라"
52) 눅 22:19,20 "또 떡을 가져 감사 기도 하시고 떼어 그들에게 주시며 이르시되 이것은 너희를 위하여 주는 내 몸이라 너희가 이를 행하여 나를 기념하라 하시고 저녁 먹은 후에 잔도 그와 같이 하여 이르시되 이 잔은 내 피로 세우는 새 언약이니 곧 너희를 위하여 붓는 것이라"

51. 그것은 어디에서 우리에게 가르쳐집니까?

답. 우리의 신조와 교리문답에서 가르쳐집니다.

52. 마지막 두 가지는 무엇입니까?

답. '회개'[53)]와 '사랑'[54)]입니다.

53) 고전 11:30,31 "그러므로 너희 중에 약한 자와 병든 자가 많고 잠자는 자도 적지 아니하니 우리가 우리를 살폈으면 판단을 받지 아니하려니와"
54) 마 5:23 "그러므로 예물을 제단에 드리려다가 거기서 네 형제에게 원망들을 만한 일이 있는 것이 생각나거든"

53. 그것은 어디에서 우리에게 가르쳐집니까?

답. 십계명에서 가르쳐집니다.

54. 왜 지식이 세례가 아닌, 주의 만찬을 위해 요구됩니까?

답. 세례는 그리스도 안에서 우리의 출생에 대한 성례이기 때문이고, 주의 만찬은 그리스도 안에서 우리의 성장에 대한 성례이기 때문입니다.

55. 요구되는 이 믿음은 무엇입니까?

답. 예수 그리스도께서 우리의 죄를 위해 그의 몸을 십자가에 못 박히도록 내어 주시고, 그의 피를 흘리도록 내어 주셨음을 믿는 것입니다.[55)]

55) 갈 2:20 "내가 그리스도와 함께 십자가에 못 박혔나니 그런즉 이제는 내가 사는 것이 아니요 오직 내 안에 그리스도께서 사시는 것이라 이제 내가 육체 가운데 사는 것은 나를 사랑하사 나를 위하여 자기 자신을 버리신 하나님의 아들을 믿는 믿음 안에서 사는 것이라"

56. 믿음이 왜 요구됩니까?

답. 우리가 믿음 없이 떡을 먹고 포도주를 마실 수는 있겠지만, 믿음 없이는 그리스도의 몸을 먹고, 그의 피를 마실 수는 없기 때문입니다.[56]

진실로, 그의 몸을 먹는 것은 영적으로 먹는 것이고, 그의 피를 마시는 것은 영적으로 마시는 것이기 때문입니다. 우리 영혼을 구원하시기 위해, 그 자신의 아들을 아끼지 않으신, 성부 하나님의 놀라운 사랑, 즉 우리 영혼을 구원하시기 위해, 그 자신을 아끼지 아니하시고, 자신을 수치스러운 죽음, 견디기 어려운 죽음, 그리고 우리 죄를 위한 저주받은 죽음을 당하도록 주신, 성자 하나님의 놀라운 사랑에 대한 묵상이 있을 때, 여기에 지식을 초월하는 그리스도의 사랑이 있습니다.[57] 그러한 것이 우리가 충분하게 그것을 이해할 수 없는 그것의 넓이와 길이와, 깊이와 높이입니다. 그리고 몸이 음식을 먹고 마심으로써 힘을 모으듯이, 본성의 모든 행위들의 더 나은 실행도 그와 같으며, 그리스도인의 영혼도 우리의 죄를 위해 십자가에 못 박히도록 그의 몸을 주시고 피 흘리도록 그의 피를 주신 그리스도의 이 사랑을 묵상함으로 더욱 더 지속적으로 은혜의 모든 행위들의 더 나은 실행을 위한 힘을 모읍니다. 그것들은 모든 상황들과 조건들 심지어 모든 고난과 박해의 때에, 그리고 죽음의 바로 그 순간에 그분을 의지하며 우리의 신뢰를 그에게 두는 신뢰(dependence)의 행동들이거나, 혹은 그것들이 그를 순종함에 있어 그리고 끝까지 그의 계명의 길을 행함에 있어 그의 뜻에 순응함의 행위들이거나 입니다. 어느 편입니까?

56) 요 6:35 "예수께서 이르시되 나는 생명의 떡이니 내게 오는 자는 결코 주리지 아니할 터이요 나를 믿는 자는 영원히 목마르지 아니하리라"
57) 엡 3:18,19 "18. 능히 모든 성도와 함께 지식에 넘치는 그리스도의 사랑을 알고 19.그 너비와 길이와 높이와 깊이가 어떠함을 깨달아 하나님의 모든 충만하신

것으로 너희에게 충만하게 하시기를 구하노라"

57. 회개가 왜 요구됩니까?

답. 믿음이 요구되기 때문입니다.[58] 왜냐하면 믿음에 의해 우리가 그리스도께서 우리를 위해 죽으셨다는 것을 믿을 수가 있기 때문입니다.

58) 갈 5:5 "우리가 성령으로 믿음을 따라 의의 소망을 기다리노니"
눅 17:47,50 "47. 또 그의 이름으로 죄 사함을 받게 하는 회개가 예루살렘에서 시작하여 모든 족속에게 전파될 것이 기록되었으니 50. 예수께서 그들을 데리고 베다니 앞까지 나가사 손을 들어 그들에게 축복하시더니"

58. 그렇다면 우리는 그를 위해서 무엇을 행해야 합니까?

답. 우리 삶의 모든 날들로 그를 섬기는 것입니다.[59] 비록 우리가 완전한 순종으로 그분을 섬길 수는 없을지라도, 참된 회개 가운데서 우리가 할 수 있는 만큼 그를 섬기는 것입니다.

59) 고전 6:20 "값으로 산 것이 되었으니 그런즉 너희 몸으로 하나님께 영광을 돌리라"

59. 회개에는 얼마나 많은 부분들이 있습니까?

답. 네 부분입니다.

60. 첫 두 부분은 무엇입니까?

답. 우리의 죄를 고백하는 것과[60], 그것들을 슬퍼하는(sorry for) 것입니다.[61]

60) 막 1:5 "온 유대 지방과 예루살렘 사람이 다 나아가 자기 죄를 자복하고 요단 강에서 그에게 세례를 받더라"
61) 고후 7:11 "보라 하나님의 뜻대로 하게 된 이 근심이 너희로 얼마나 간절하게 하며 얼마나 변증하게 하며 얼마나 분하게 하며 얼마나 두렵게 하며 얼마나 사모하게 하며 얼마나 열심 있게 하며 얼마나 벌하게 하였는가 너희가 그 일에 대하여 일체 너희 자신의 깨끗함을 나타내었느니라"

61. 마지막 두 부분은 무엇입니까?

답. 우리가 그것들을 고칠 수 있도록 우리에게 은혜 주시기를 하나님께 바라면서, 그리스도로 인해 그것들을 용서하시고,[62] 우리의 삶을 고치시도록 하나님께 기도하는 것입니다.[63]

62) 눅 18:13 "세리는 멀리 서서 감히 눈을 들어 하늘을 쳐다보지도 못하고 다만 가슴을 치며 이르되 하나님이여 불쌍히 여기소서 나는 죄인이로소이다 하였느니라"
63) 마 3:8 "그러므로 회개에 합당한 열매를 맺고"

62. 사랑에는 얼마나 많은 직무들이 있습니까?

답. 세 가지입니다.

63. 첫째는 무엇입니까?

답. 우리 이웃에게 어떤 부당한 행위도 하지 않는 것입니다.[64]

64) 고전 13:5-7 "무례히 행하지 아니하며 자기의 유익을 구하지 아니하며 성내지 아니하며 악한 것을 생각하지 아니하며 불의를 기뻐하지 아니하며 진리와 함께 기뻐하고 모든 것을 참으며 모든 것을 믿으며 모든 것을 바라며 모든 것을 견디느니라"

64. 둘째는 무엇입니까?

답. 할 수 있는 한, 이웃에게 선을 행하는 것입니다.

65. 세 번째는 무엇입니까?

답. 만약 이웃이 우리에게 부당한 행동을 할지라도, 그를 용서하는 것입니다.

66. 어찌하여 우리는 이 사랑을 소유해야 합니까?

답. 우리는 그리스도로 인하여 하나님께서 우리를 용서하실 것을 알기 때문입니다.[65]

65) 엡 4:32 "서로 친절하게 하며 불쌍히 여기며 서로 용서하기를 하나님이 그리스도 안에서 너희를 용서하심과 같이 하라"

II.
주의 기도에 관한
두 번째 교리문답

01. 주의 기도를 암송하세요.

답. 하늘에 계신 우리 아버지여…

02. 왜 주의 기도라 불립니까?

답. 우리 주요 구세주이신 예수 그리스도께서 이와 같이 기도하도록 그의 제 자들에게 가르치셨기 때문입니다.[66]

66) 눅 11:1,2 "예수께서 한 곳에서 기도하시고 마치시매 제자 중 하나가 여짜오 되 주여 요한이 자기 제자들에게 기도를 가르친 것과 같이 우리에게도 가르쳐 주 옵소서 예수께서 이르시되 너희는 기도할 때에 이렇게 하라 아버지여 이름이 거룩 히 여김을 받으시오며 나라가 임하시오며"

03. 왜 당신은, 나의 아버지가 아니라, "우리 아버지" 라고 말하도록 가르침을 받습니까?

답. 두 가지 이유 때문입니다.

04. 첫째는 무엇입니까?

답. 하나님께서는 우리 모두의 아버지이시기 때문입니다.[67]

67) 말 2:10 "우리는 한 아버지를 가지지 아니하였느냐 한 하나님께서 지으신 바 가 아니냐 어찌하여 우리 각 사람이 자기 형제에게 거짓을 행하여 우리 조상들의 언약을 욕되게 하느냐"
욥 31:15 "나를 태 속에 만드신 이가 그도 만들지 아니하셨느냐 우리를 뱃속에 지 으신 이가 한 분이 아니시냐"

05. 둘째는 무엇입니까?

답. 우리 자신들뿐만 아니라, 다른 사람들을 위해서 기도하도록 우리를 가르치는 것입니다.[68]

68) 엡 6:18 "모든 기도와 간구를 하되 항상 성령 안에서 기도하고 이를 위하여 깨어 구하기를 항상 힘쓰며 여러 성도를 위하여 구하라"
마 5:44 "나는 너희에게 이르노니 너희 원수를 사랑하며 너희를 박해하는 자를 위하여 기도하라"

06. "하늘에 계신" 하나님께서는 어떤 하늘에 거하십니까?

답. 하늘들의 하늘이라고 불리는[69], 세 번째 하늘에 거하십니다.[70]

69) 대하 6:18 "하나님이 참으로 사람과 함께 땅에 계시리이까 보소서 하늘과 하늘들의 하늘이라도 주를 용납하지 못하겠거든 하물며 내가 건축한 이 성전이오리이까"
70) 고후 12:2 "내가 그리스도 안에 있는 한 사람을 아노니 그는 십사 년 전에 셋째 하늘에 이끌려 간 자라 그가 몸 안에 있었는지 몸 밖에 있었는지 나는 모르거니와 하나님은 아시느니라"

07. 얼마나 많은 하늘들이 있습니까?

답. 세 하늘들입니다.

08. 첫째는 무엇입니까?

답. 공중의 새들이 있는 곳입니다. 성경에서 그것들은 하늘의 새들로 불립니다.[71]

71) 창 1:20 "하나님이 이르시되 물들은 생물을 번성하게 하라 땅 위 하늘의 궁창에는 새가 날으라 하시고"

호 2:18 "그 날에는 내가 그들을 위하여 들짐승과 공중의 새와 땅의 곤충과 더불어 언약을 맺으며 또 이 땅에서 활과 칼을 꺾어 전쟁을 없이하고 그들로 평안히 눕게 하리라"

09. 둘째는 무엇입니까?

답. 해와 달과 별들이 있는 곳입니다. 그것들은 성경에서 하늘의 별들로 불립니다.72)

72) 창 1:16,17 "하나님이 두 큰 광명체를 만드사 큰 광명체로 낮을 주관하게 하시고 작은 광명체로 밤을 주관하게 하시며 또 별들을 만드시고 하나님이 그것들을 하늘의 궁창에 두어 땅을 비추게 하시며"

10. 셋째는 무엇입니까?

답. 무엇보다, 하나님이 계신 곳입니다.73)

73) 왕상 8:27,39,43 "27. 하나님이 참으로 땅에 거하시리이까 하늘과 하늘들의 하늘이라도 주를 용납하지 못하겠거든 하물며 내가 건축한 이 성전이오리이까 39. 주는 계신 곳 하늘에서 들으시고 사하시며 각 사람의 마음을 아시오니 그들의 모든 행위대로 행하사 갚으시옵소서 주만 홀로 사람의 마음을 다 아심이니이다 43. 주는 계신 곳 하늘에서 들으시고 이방인이 주께 부르짖는 대로 이루사 땅의 만민이 주의 이름을 알고 주의 백성 이스라엘처럼 경외하게 하시오며 또 내가 건축한 이 성전을 주의 이름으로 일컫는 줄을 알게 하옵소서"

11. 하나님은 모든 곳에 계시지 않습니까?

답. 그렇습니다.74)

74) 시 139:7-9 "내가 주의 영을 떠나 어디로 가며 주의 앞에서 어디로 피하리이 까 내가 하늘에 올라갈지라도 거기 계시며 스올에 내 자리를 펼지라도 거기 계시 니이다 내가 새벽 날개를 치며 바다 끝에 가서 거주할지라도"

12. 그렇다면 왜 그가 하늘에 계시다고 말합니까?

답. 두 가지 이유 때문입니다.

13. 첫째는 무엇입니까?

답. 그가 가장 특별한 방식으로 거기에 계시기 때문입니다.

14. 그 특별한 방식이란 무엇입니까?

답. 그는 영광스러운 방식으로 그 자신을 그의 성도들과 천사들에게 알리십 니다.[75] 하나님께서는 자연의 저자(the author)로서 모든 피조물 안에 계 시고, 자연의 은사들(gifts)을 그들에게 전하고 계십니다.[76] 하나님께서는 특별한 방식 안에서, 은혜의 저자로서, 그의 교회 안에 계시고, 은혜의 은 사들을 그들에게 전하고 계십니다.[77] 그러나 가장 특별한 방식 안에서 그 는 영광의 저자로서, 하늘에 계시고, 천사들과 성도들에게 그의 영광의 풍부함을 전하고 계십니다.

75) 막 10:37 "여짜오되 주의 영광중에서 우리를 하나는 주의 우편에, 하나는 좌 편에 앉게 하여 주옵소서"
계 3:2 "너는 일깨어 그 남은 바 죽게 된 것을 굳건하게 하라 내 하나님 앞에 네 행 위의 온전한 것을 찾지 못하였노니"
76) 행 17:28 "우리가 그를 힘입어 살며 기동하며 존재하느니라 너희 시인 중 어 떤 사람들의 말과 같이 우리가 그의 소생이라 하니"
77) 겔 20:12 "또 내가 그들을 거룩하게 하는 여호와인 줄 알게 하려고 내 안식일

을 주어 그들과 나 사이에 표징을 삼았노라"

15. 둘째는 무엇입니까?

답. 우리가 기도할 때 우리의 애정이 하늘에 있어야 함을 우리에게 가르치는 것입니다.

16. 하나님이 당신의 아버지이심을 믿습니까?

답. 예.

17. 어떤 아버지십니까?

답. 하늘의 아버지십니다.[78] 그 분은 가장 선하신 아버지신데, 왜냐하면 햇빛이 촛불보다 더 나은 것처럼[79] 하늘의 것이 땅의 것보다 더 낫기 때문입니다.[80]

78) 마 6:32 "이는 다 이방인들이 구하는 것이라 너희 하늘 아버지께서 이 모든 것이 너희에게 있어야 할 줄을 아시느니라"
79) 벧후 1:19 "또 우리에게는 더 확실한 예언이 있어 어두운 데를 비추는 등불과 같으니 날이 새어 샛별이 너희 마음에 떠오르기까지 너희가 이것을 주의하는 것이 옳으니라"W
80) 골 3:2 "위의 것을 생각하고 땅의 것을 생각하지 말라"

18. 이것이 우리에게 어떤 교훈을 가르칩니까?

답. 그러므로 그는 우리의 말을 기꺼이 들으신다는 것입니다.[81]

81) 눅 11:13 "너희가 악할지라도 좋은 것을 자식에게 줄 줄 알거든 하물며 너희

하늘 아버지께서 구하는 자에게 성령을 주시지 않겠느냐 하시니라"

19. "왜냐하면 당신의 것은 나라(대개 나라와)······이기 때문입니다."라는 문구를 더 분명한 방식으로 암송해 보십시오.

답. 나라가 당신의 것입니다.

20. 어떤 나라입니까?

답. 온 세상 위의 나라입니다.[82]

82) 단 5:1,8,21 "1. 나 다니엘에게 처음에 나타난 환상 후 벨사살 왕 제삼년에 다시 한 환상이 나타나니라 8. 그 때에 왕의 지혜자가 다 들어왔으나 능히 그 글자를 읽지 못하며 그 해석을 왕께 알려 주지 못하는지라 21. 사람 중에서 쫓겨나서 그의 마음이 들짐승의 마음과 같았고 또 들나귀와 함께 살며 또 소처럼 풀을 먹으며 그의 몸이 하늘 이슬에 젖었으며 지극히 높으신 하나님이 사람 나라를 다스리시며 자기의 뜻대로 누구든지 그 자리에 세우시는 줄을 알기에 이르렀나이다"
시 103:19 "여호와께서 그의 보좌를 하늘에 세우시고 그의 왕권으로 만유를 다스리시도다"

21. 그 의미하는 바는 무엇입니까?

답. 당신은 온 세상의 왕이십니다.[83]

83) 시 47:7 "하나님은 온 땅의 왕이심이라 지혜의 시로 찬송할지어다"
롬 13:4 "그는 하나님의 사역자가 되어 네게 선을 베푸는 자니라 그러나 네가 악을 행하거든 두려워하라 그가 공연히 칼을 가지지 아니하였으니 곧 하나님의 사역자가 되어 악을 행하는 자에게 진노하심을 따라 보응하는 자니라"
대하 20:6 " 이르되 우리 조상들의 하나님 여호와여 주는 하늘에서 하나님이 아니시니이까 이방 사람들의 모든 나라를 다스리지 아니하시나이까 주의 손에 권세와 능력이 있사오니 능히 주와 맞설 사람이 없나이다"

22. "당신 것은 권세입니다(권세와)." 라는 문구를 더 분명한 방식으로 암송해 보십시오.

답. 권세가 당신의 것입니다.

23. 그것은 어떤 권세입니까?

답. 온 세상을 지배하는 권세입니다.[84]

> 84) 시 62:11,12 "하나님이 한두 번 하신 말씀을 내가 들었나니 권능은 하나님께 속하였다 하셨도다 주여 인자함은 주께 속하오니 주께서 각 사람이 행한 대로 갚으심이니이다"
> 요 19:11 "예수께서 대답하시되 위에서 주지 아니하셨더라면 나를 해할 권한이 없었으리니 그러므로 나를 네게 넘겨 준 자의 죄는 더 크다 하시니라"
> 마 28:18 "예수께서 나아와 말씀하여 이르시되 하늘과 땅의 모든 권세를 내게 주셨으니"

24. 그 의미하는 바는 무엇입니까?

답. 모든 권세가 당신께 속한다는 것입니다.

25. "당신의 것은 영광입니다(영광이 아버지께 영원히 있사옵나이다)" 이 문구를 더 분명한 방식으로 암송해 보십시오.

답. 영광은 당신의 것입니다.

26. 그 의미하는 바는 무엇입니까?

답. 모든 영광이 당신께 속합니다.[85]

> [85] 대상 29:11 "여호와여 위대하심과 권능과 영광과 승리와 위엄이 다 주께 속하였사오니 천지에 있는 것이 다 주의 것이로소이다 여호와여 주권도 주께 속하였사오니 주는 높으사 만물의 머리이심이니이다"

27. 당신은 하나님이 온 세상의 왕이심을 믿습니까?

답. 예.

28. 그리고 모든 권세가 그에게 속한 것을 믿습니까?

답. 예.

29. 이것이 우리에게 가르치는 교훈은 어떤 것입니까?

답. 그러므로 그는 우리를 도우실 수 있다는 것입니다. 이것이 통상 기원 (invocation)이라 불리는 기도의 첫 부분입니다. 그리고 그것은 그가 우리의 아버지이시므로, 기꺼이 우리의 말을 들으신다는, 그의 선하심과, 그리고 그는 온 세상의 왕이시므로, 우리를 도우실 수 있다는, 그의 능력, 양자에 관하여, 하나님을 믿는 우리의 믿음의 고백을 포함합니다. 이 믿음이 없이 우리는 기도할 수 없습니다.

이제 다음 간구가 이어집니다.

30. 얼마나 많은 간구가 있습니까?

답. 여섯 간구가 있습니다.

31. 그것들은 얼마나 많은 부분으로 나누어집니까?

답. 두 부분입니다.

32. 첫 부분에는 얼마나 많은 간구가 있습니까?

답. 셋입니다.

33. 우리는 첫 세 간구에서 무엇을 위해 기도합니까?

답. 직접적으로 하나님의 영광에 관련한 그러한 것들입니다.

34. 우리는 마지막 세 간구에서 무엇을 위해 기도합니까?

답. 직접적으로 우리 자신의 선에 관련한 그러한 것들입니다.

35. 첫 번째 간구를 암송해 보십시오.

답. "이름이 거룩히 여김을 받으시오며"

36. 이것을 더 분명한 방식으로 암송해 보십시오.

답. 우리는 당신의 이름이 거룩히 여김을 받도록 기도합니다.

37. 거룩히 여김을 받는 것은 무엇입니까?

답. 거룩하게 되는 것입니다.

38. 하나님의 이름은 이미 거룩하지 않습니까?

답. 그렇습니다.

39. 그것은 우리가 만들 어떤 필요성을 갖습니까?

답. 아닙니다.

40. 그렇다면 그 말의 의미하는 바는 무엇입니까?

답. 거룩한 것으로 알려지는 것입니다.

41. 그 간구의 의미하는 바는 무엇입니까?

답. 우리는 이 거룩한 이름이 온 세상에 알려지게 되기를 주께 기도합니다.
이와 같이 우리는 우리 구세주께서 우리에게 기도하도록 하는 첫 번째 것
이, 하나님에 대한 지식임을 깨닫습니다. 왜냐하면 그는 이것의 결핍이
모든 악의 원인임을 잘 아시기 때문입니다.[86] 그리고 하나님에 대한 지식
이 모든 선의 시작입니다.

86) 살전 4:5 "하나님을 모르는 이방인과 같이 색욕을 따르지 말고"

42. 우리는 어떤 목적을 위해 이와 같이 기도합니까?

답. 그가 거룩을 기뻐하시는 하나님이시라는 것을 아는 것, 이 목적을 위해 기도합니다. 그것에 의해 우리는 모든 것을 그의 거룩하신 이름의 영광에 돌리도록 할 마음이 생길 것입니다.[87]

> 87) 고전 10:31 "그런즉 너희가 먹든지 마시든지 무엇을 하든지 다 하나님의 영광을 위하여 하라"

43. 다음 간구는 무엇입니까?

답. "나라이 임하시옵시며"

44. 더 분명한 방식으로 암송해 보십시오.

답. 우리는 이 나라가 임하기를 하나님께 기도합니다.

45. 그 의미하는 바는 무엇입니까?

답. 우리는 이 말씀과 복음이 온 세상에 전파되기를 하나님께 기도합니다.

46. 사리에 맞게 생각해 볼 때에, 사람들의 나라는 어떻게 세워지고 확립됩니까?

답. 칼에 의해 됩니다.[88]

> 88) 롬 13:4 "그는 하나님의 사역자가 되어 네게 선을 베푸는 자니라 그러나 네가 악을 행하거든 두려워하라 그가 공연히 칼을 가지지 아니하였으니 곧 하나님의 사역자가 되어 악을 행하는 자에게 진노하심을 따라 보응하는 자니라"

47. 하나님의 칼은 무엇입니까?

답. 그의 말씀입니다. [89]

유사한 방식으로, 왕이 우리에게 법들을 주고, 우리가 그것들을 받아들일 때, 그때 그는 우리의 왕이 되고, 우리는 그의 백성이 됩니다. 그처럼 하나님께서 우리에게 법들을 주시고, 우리가 그것들을 받아들일 때, 그때 그가 우리의 왕이 되시고, 우리는 그의 백성이 됩니다. 그의 말씀은 그의 법들을 포함합니다.

89) 엡 6:17 "구원의 투구와 성령의 검 곧 하나님의 말씀을 가지라"
히 4:12 "하나님의 말씀은 살아 있고 활력이 있어 좌우에 날선 어떤 검보다도 예리하여 혼과 영과 및 관절과 골수를 찔러 쪼개기까지 하며 또 마음의 생각과 뜻을 판단하나니"
시 149:6 "그들의 입에는 하나님에 대한 찬양이 있고 그들의 손에는 두 날 가진 칼이 있도다"

48. 이 간구에서 우리는 얼마나 많은 것들을 위해 기도합니까?

답. 두 가지입니다.

49. 첫째는 무엇입니까?

답. 하나님께서 그의 말씀을 전파할 신실한 목사를 보내실 것을 기도합니다. [90]

90) 렘 3:15 "내가 또 내 마음에 합한 목자들을 너희에게 주리니 그들이 지식과 명철로 너희를 양육하리라"
마 9:38 "그러므로 추수하는 주인에게 청하여 추수할 일꾼들을 보내 주소서 하라 하시니라"

50. 둘째는 무엇입니까?

답. 하나님께서 그것을 찬성하는 기독교인 왕을 보내실 것을 기도합니다.[91]

91) 사 60:10,16 "10. 내가 노하여 너를 쳤으나 이제는 나의 은혜로 너를 불쌍히 여겼은즉 이방인들이 네 성벽을 쌓을 것이요 그들의 왕들이 너를 섬길 것이며 16. 네가 이방 나라들의 젖을 빨며 뭇 왕의 젖을 빨고 나 여호와는 네 구원자, 네 구속 자, 야곱의 전능자인 줄 알리라"

사 49:23 "왕들은 네 양부가 되며 왕비들은 네 유모가 될 것이며 그들이 얼굴을 땅 에 대고 네게 절하고 네 발의 티끌을 핥을 것이니 네가 나를 여호와인 줄을 알리라 나를 바라는 자는 수치를 당하지 아니하리라"

51. 다음 간구는 무엇입니까?

답. "뜻이 하늘에서 이룬 것같이 땅에서도 이루어지이다"

52. 이것을 더 분명한 방식으로 암송해 보십시오.

답. 우리는 당신의 뜻이 하늘에 있는 것처럼, 땅에서도 행해지도록 하나님께 기도합니다.

53. 우리는 어떻게 하나님의 뜻을 행할 수 있습니까? 은혜 없이 스스로 행할 수 있습니까?

답. 은혜 없이 스스로 행할 수 없습니다.[92]

92) 요 15:5 "나는 포도나무요 너희는 가지라 그가 내 안에, 내가 그 안에 거하면 사람이 열매를 많이 맺나니 나를 떠나서는 너희가 아무 것도 할 수 없음이라"

고후 3:5 "우리가 무슨 일이든지 우리에게서 난 것 같이 스스로 만족할 것이 아니 니 우리의 만족은 오직 하나님으로부터 나느니라"

54. 그렇다면 우리는 무엇을 위해 기도합니까?

답. 하나님이 우리에게 그의 뜻을 행하도록 은혜 주실 것을 기도합니다.[93]

> 93) 히 13:21 "모든 선한 일에 너희를 온전하게 하사 자기 뜻을 행하게 하시고 그
> 앞에 즐거운 것을 예수 그리스도로 말미암아 우리 가운데서 이루시기를 원하노라
> 영광이 그에게 세세무궁토록 있을지어다 아멘"

55. "하늘에서와 같이" 누구에 의한 것입니까?

답. 천사들에 의해서입니다.[94]

> 94) 시 103:20 "능력이 있어 여호와의 말씀을 행하며 그의 말씀의 소리를 듣는 여
> 호와의 천사들이여 여호와를 송축하라"

56. 천사들이 그것을 행하는 것처럼, 왜 우리는 하나님의 뜻을 행하기 위해 기
도해야 합니까?

답. 언젠가 우리는 영광 중에 그들과 같이 될 것이기 때문입니다.[95] 그러므로
우리는 은혜 안에서 현세에 그들과 같아지기를 바랄 이유를 갖습니다.[96]

이제 세 간구가 어떻게 전체적으로 일치하는지 나타내십시오. 첫째로, 우
리는 하나님의 거룩한 이름이 온 세상에 알려지도록 기도했습니다. 둘째
로, 우리는 말씀과 복음이 온 세상에 전파되도록 기도하고, 거기서 우리
는 그에 대한 지식으로 인도될 수 있습니다.[97] 그리고 셋째로, 우리는 하
나님께서 우리에게 그를 아는 것뿐만 아니라, 심지어 하늘에서 천사들이
그것을 행하는 것처럼, 그의 뜻을 행하도록, 우리에게 은혜 주시기를 기
도합니다. 그리고 그때: 우리 구주께서 말씀하시듯, 우리는 행복합니다.
즉, 너희가 이것들을 알고, 그것들을 행한다면, 너희는 행복하다.[98]

95) 눅 20:36 "그들은 다시 죽을 수도 없나니 이는 천사와 동등이요 부활의 자녀로서 하나님의 자녀임이라"

96) 요일 3:3 "주를 향하여 이 소망을 가진 자마다 그의 깨끗하심과 같이 자기를 깨끗하게 하느니라"

97) 행 26:18 "그 눈을 뜨게 하여 어둠에서 빛으로, 사탄의 권세에서 하나님께로 돌아오게 하고 죄 사함과 나를 믿어 거룩하게 된 무리 가운데서 기업을 얻게 하리라 하더이다"고후 2:14 "항상 우리를 그리스도 안에서 이기게 하시고 우리로 말미암아 각처에서 그리스도를 아는 냄새를 나타내시는 하나님께 감사하노라"

98) 요 13:17 "너희가 이것을 알고 행하면 복이 있으리라(If ye know these things, happy are ye if ye do them)."

57. 다음 간구는 무엇입니까?

답. "오늘날 우리에게 일용할 양식을 주옵시고"

58. 왜 우리는 맨 먼저 하나님의 영광을 위해 기도하고, 그 다음에 우리의 선과 관계된 것들을 위해서 기도합니까?

답. 먼저 우리는 하나님의 나라와 그의 의를 구해야 하고, 그런 다음에야 모든 것들이 우리에게 더하여질 것이기 때문입니다.[99]

99) 마 6:33 "그런즉 너희는 먼저 그의 나라와 그의 의를 구하라 그리하면 이 모든 것을 너희에게 더하시리라"

59. 양식(bread)에 의해 무엇이 의미됩니까?

답. 이생을 위해 필요한 모든 것들입니다.[100]

100) 신 8:3 "너를 낮추시며 너를 주리게 하시며 또 너도 알지 못하며 네 조상들도 알지 못하던 만나를 네게 먹이신 것은 사람이 떡으로만 사는 것이 아니요 여호

와의 입에서 나오는 모든 말씀으로 사는 줄을 네가 알게 하려 하심이니라"
마 4:4 "예수께서 대답하여 이르시되 기록되었으되 사람이 떡으로만 살 것이 아니요 하나님의 입으로부터 나오는 모든 말씀으로 살 것이라 하였느니라 하시니"

60. 일용할 양식이란 어떤 의미를 나타냅니까?

답. 매일을 위해 필요한 모든 것입니다.

61. 우리의 양식이란 어떤 의미를 나타냅니까?

답. 합법적인 직업에 의해 얻은 양식입니다.[101]

101) 살후 3:12 "이런 자들에게 우리가 명하고 주 예수 그리스도 안에서 권하기를 조용히 일하여 자기 양식을 먹으라 하노라"

62. "우리에게 주옵시고"란 어떤 의미를 나타냅니까?

답. 하나님으로부터 온 선물로서 그것을 소유하도록 기도하는 것입니다.

63. 그것으로부터의 결과는 무엇입니까?

답. 그것과 더불어 하나님의 복을 소유하는 것입니다.[102]

102) 잠 10:22 "여호와께서 주시는 복은 사람을 부하게 하고 근심을 겸하여 주지 아니하시느니라"

64. 하나님의 복(blessing)에는 얼마나 많은 유익들이 있습니까?

답. 셋입니다.

65. 첫째는 무엇입니까?

답. 하나님의 복에 의해, 그것이 우리의 본성을 만족시킬 것입니다.[103]

103) 학 1:6 "너희가 많이 뿌릴지라도 수확이 적으며 먹을지라도 배부르지 못하며 마실지라도 흡족하지 못하며 입어도 따뜻하지 못하며 일꾼이 삯을 받아도 그것을 구멍 뚫어진 전대에 넣음이 되느니라"

66. 둘째는 무엇입니까?

답. 하나님의 복에 의해, 그것이 우리의 마음을 만족시킬 것입니다.[104]

104) 잠 13:15 "선한 지혜는 은혜를 베푸나 사악한 자의 길은 험하니라"
딤전 6:6 "그러나 자족하는 마음이 있으면 경건은 큰 이익이 되느니라"

67. 셋째는 무엇입니까?

답. 먹고 소성케 되었을 때 하나님의 복에 의하여, 우리는 세상과 육체와 마귀에 대한 섬김을 위해서가 아니라, 하나님에 대한 섬김을 위해 우리의 건강과 힘을 사용할 것입니다.[105]

105) 신 32:15 "그런데 여수룬이 기름지매 발로 찼도다 네가 살찌고 비대하고 윤택하매 자기를 지으신 하나님을 버리고 자기를 구원하신 반석을 업신여겼도다"
겔 16:49 "네 아우 소돔의 죄악은 이러하니 그와 그의 딸들에게 교만함과 음식물의 풍족함과 태평함이 있음이며 또 그가 가난하고 궁핍한 자를 도와 주지 아니하며"

68. 우리는 이 간구에서 얼마나 많은 것들을 위해 기도합니까?

답. 세 가지를 위해 기도합니다.

69. 첫째는 무엇입니까?

답. 하나님께서 이생에 필요한 모든 것들을 우리에게 주실 것을 기도합니다.

70. 둘째는 무엇입니까?

답. 하나님께서 그것과 더불어서, 그의 복을 우리에게 주실 것을 기도합니다.

71. 셋째는 무엇입니까?

답. 하나님께서 어떤 합법적인 직업(vocation) 가운데서 살아가도록 우리에게 은혜를 주실 것을 기도합니다.

72. 다음 간구는 무엇입니까?

답. "우리가 우리에게 죄 지은(trespass) 자를 사하여 준 것같이, 우리 죄를 사하여 주옵시고"

73. 죄(a trespass, 불법)란 무엇입니까?

답. 죄(a sin)입니다.

74. 죄(a sin)란 무엇입니까?

답. 하나님의 계명들 중에 어느 하나를 어기는 것입니다.[106]

106) 요일 3:4 "죄를 짓는 자마다 불법을 행하나니 죄는 불법이라"

75. 우리는 이 간구에서 무엇을 위해 기도합니까?

답. 과거의 모든 죄들에 대한 용서입니다.

76. 하나님은 모든 사람들에게 그들의 죄를 용서하십니까?

답. 아닙니다.[107]

107) 신 29:20 "여호와는 이런 자를 사하지 않으실 뿐 아니라 그 위에 여호와의
분노와 질투의 불을 부으시며 또 이 책에 기록된 모든 저주를 그에게 더하실 것이
라 여호와께서 그의 이름을 천하에서 지워버리시되"

약 2:13 "긍휼을 행하지 아니하는 자에게는 긍휼 없는 심판이 있으리라 긍휼은 심
판을 이기고 자랑하느니라"

잠 28:13 "자기의 죄를 숨기는 자는 형통하지 못하나 죄를 자복하고 버리는 자는
불쌍히 여김을 받으리라"

시 54:5 "주께서는 내 원수에게 악으로 갚으시리니 주의 성실하심으로 그들을 멸
하소서"

욘 2:8 "거짓되고 헛된 것을 숭상하는 모든 자는 자기에게 베푸신 은혜를 버렸사
오나"

마 12:32 "또 누구든지 말로 인자를 거역하면 사하심을 얻되 누구든지 말로 성령
을 거역하면 이 세상과 오는 세상에서도 사하심을 얻지 못하리라"

77. 그렇다면 누구를 용서하십니까?

답. 믿고[108] 회개하는 그런 자들입니다.[109]

108) 눅 24:47 "또 그의 이름으로 죄 사함을 받게 하는 회개가 예루살렘에서 시작
하여 모든 족속에게 전파될 것이 기록되었으니"

109) 눅 3:3 "요한이 요단 강 부근 각처에 와서 죄 사함을 받게 하는 회개의 세례
를 전파하니"

행 2:38 "베드로가 이르되 너희가 회개하여 각각 예수 그리스도의 이름으로 세례

를 받고 죄 사함을 받으라 그리하면 성령의 선물을 받으리니"

78. 그렇다면 우리는 이 간구에서 무엇을 위해 기도합니까?

답. 하나님께서 우리에게 회개를 주실 것을 기도합니다.[110] 왜냐하면 이것에 의해 우리는 우리 죄들에 대한 용서하심에 있어, 하나님의 호의를 더욱 확신하게 되기 때문입니다.[111]

110) 딤후 2:25 "거역하는 자를 온유함으로 훈계할지니 혹 하나님이 그들에게 회개함을 주사 진리를 알게 하실까 하며"
행 5:31 "이스라엘에게 회개함과 죄 사함을 주시려고 그를 오른손으로 높이사 임금과 구주로 삼으셨느니라"
행 11:18 "그들이 이 말을 듣고 잠잠하여 하나님께 영광을 돌려 이르되 그러면 하나님께서 이방인에게도 생명 얻는 회개를 주셨도다 하니라"
111) 시 32:5 "내가 이르기를 내 허물을 여호와께 자복하리라 하고 주께 내 죄를 아뢰고 내 죄악을 숨기지 아니하였더니 곧 주께서 내 죄악을 사하셨나이다 (셀라)"

79. 마지막 간구는 무엇입니까?

답. "우리를 시험(temptation)에 들게 하지 마옵시고"

80. 이 말들의 의미는 무엇입니까?

답. "다만 악에서 우리를 구원하소서". 후자(다만 악에서 구하옵소서)의 말이, 전자(시험에 들게 하지 마옵시고)를 설명합니다.

81. 세상에는 얼마나 많은 종류의 악이 있습니까?

답. 두 종류입니다.

82. 그것들은 어떤 것입니까?

답. 죄의 악과 슬픔(sorrow)의 악입니다.

83. 이곳에서 어떤 악이 표출됩니까?

답. 그 단어 시험(temptation)에 의해 드러나듯, 죄의 악입니다.

84. 유혹(temtation)이란 무엇입니까?

답. 죄 짓도록 우리를 시험하는(tempt) 모든 것들입니다.[112]

> 112) 약 1:14 "오직 각 사람이 시험을 받는 것은 자기 욕심에 끌려 미혹됨이니"
> 마 4:3 "시험하는 자가 예수께 나아와서 이르되 네가 만일 하나님의 아들이어든 명하여 이 돌들로 떡덩이가 되게 하라"
> 고전 1:5 "이는 너희가 그 안에서 모든 일 곧 모든 언변과 모든 지식에 풍족하므로"

85. 우리는 이 간구에서 무엇을 위해 기도합니까?

답. 하나님께서 이후로, 우리를 죄들로부터 지켜주시도록 기도합니다.[113]

> 113) 요 17:15 "내가 비옵는 것은 그들을 세상에서 데려가시기를 위함이 아니요 다만 악에 빠지지 않게 보전하시기를 위함이니이다"

III.

십계명에 관한
세 번째 교리문답

01. 하나님의 율법은 우리에게 무엇을 가르칩니까?

답. 우리가 해야만 하는 것을 가르칩니다.[114]

114) 눅 18:18,20 "18. 어떤 관리가 물어 이르되 선한 선생님이여 내가 무엇을 하여야 영생을 얻으리이까 20. 네가 계명을 아나니 간음하지 말라, 살인하지 말라, 도둑질하지 말라, 거짓 증언 하지 말라, 네 부모를 공경하라 하였느니라"

02. 하나님의 율법에는 얼마나 많은 계명들이 있습니까?

답. 열 가지의 계명입니다.[115]

115) 출 34:28 "모세가 여호와와 함께 사십 일 사십 야를 거기 있으면서 떡도 먹지 아니하였고 물도 마시지 아니하였으며 여호와께서는 언약의 말씀 곧 십계명을 그 판들에 기록하셨더라"
신 4:13 "여호와께서 그의 언약을 너희에게 반포하시고 너희에게 지키라 명령하셨으니 곧 십계명이며 두 돌판에 친히 쓰신 것이라"
신 10:4 "여호와께서 그 총회 날에 산 위 불 가운데에서 너희에게 이르신 십계명을 처음과 같이 그 판에 쓰시고 그것을 내게 주시기로"

03. 그것들은 얼마나 많은 부분으로 나눠집니까?

답. 그것들이 쓰인 두 판에 따라, 두 부분으로 나눠십니다.[116]

116) 출 31:18 "여호와께서 시내 산 위에서 모세에게 이르시기를 마치신 때에 증거판 둘을 모세에게 주시니 이는 돌판이요 하나님이 친히 쓰신 것이더라"
신 10:1,3 "1. 그 때에 여호와께서 내게 이르시기를 너는 처음과 같은 두 돌판을 다듬어 가지고 산에 올라 내게로 나아오고 또 나무궤 하나를 만들라 3. 내가 조각목으로 궤를 만들고 처음 것과 같은 돌판 둘을 다듬어 손에 들고 산에 오르매"

04. 첫째 판에는 얼마나 많은 계명들이 있습니까?

답. 넷입니다.[117]

117) 엡 2:2 "그 때에 너희는 그 가운데서 행하여 이 세상 풍조를 따르고 공중의 권세 잡은 자를 따랐으니 곧 지금 불순종의 아들들 가운데서 역사하는 영이라" 마 22:37 "예수께서 이르시되 네 마음을 다하고 목숨을 다하고 뜻을 다하여 주 너의 하나님을 사랑하라 하셨으니"

05. 둘째 판에는 얼마나 많은 계명들이 있습니까?

답. 여섯입니다.[118]

118) 마 19:19 "네 부모를 공경하라, 네 이웃을 네 자신과 같이 사랑하라 하신 것이니라"

06. 처음 넷에는 무엇이 포함되어 있습니까?

답. 하나님을 향한 우리의 의무입니다.[119]

119) 눅 10:27 "대답하여 이르되 네 마음을 다하며 목숨을 다하며 힘을 다하며 뜻을 다하여 주 너의 하나님을 사랑하고 또한 네 이웃을 네 자신 같이 사랑하라 하였나이다"

07. 마지막 여섯에는 무엇이 포함되어 있습니까?

답. 우리 이웃을 향한 우리의 의무입니다.[120]

120) 막 12:31 "둘째는 이것이니 네 이웃을 네 자신과 같이 사랑하라 하신 것이라 이보다 더 큰 계명이 없느니라"

08. 첫째 계명을 암송해 보시겠습니까?

답. "너는 나 외에는 다른 신들을 네게 두지 말라"

09. 이 계명에는 얼마나 많은 의무들이 포함되어 있습니까?

답. 셋입니다.

10. 첫째는 무엇입니까?

답. 하나님을 사랑하는 것입니다.[121]

> 121) 신 6:5 "너는 마음을 다하고 뜻을 다하고 힘을 다하여 네 하나님 여호와를 사랑하라"

11. 둘째는 무엇입니까?

답. 하나님을 두려워하는(fear, 경외하는) 것입니다.[122]

> 122) 신 6:12,13 "너는 조심하여 너를 애굽 땅 종 되었던 집에서 인도하여 내신 여호와를 잊지 말고 네 하나님 여호와를 경외하며 그를 섬기며 그의 이름으로 맹세할 것이니라"

12. 셋째는 무엇입니까?

답. 우리의 신뢰를 하나님께 두는 것입니다.[123]

> 123) 시 37:5 "네 길을 여호와께 맡기라 그를 의지하면 그가 이루시고"
> 렘 17:5 "여호와께서 이와 같이 말씀하시니라 무릇 사람을 믿으며 육신으로 그의 힘을 삼고 마음이 여호와에게서 떠난 그 사람은 저주를 받을 것이라"

욥 13:15 "그가 나를 죽이시리니 내가 희망이 없노라(yet will I trust in him) 그러나 그의 앞에서 내 행위를 아뢰리라"

13. 얼마나 많은 것들이 금지됩니까?

답. 반대로, 셋입니다.

14. 첫째는 무엇입니까?

답. 세상을 사랑하는 것입니다.[124]

124) 요일 2:15 "이 세상이나 세상에 있는 것들을 사랑하지 말라 누구든지 세상을 사랑하면 아버지의 사랑이 그 안에 있지 아니하니"

15. 둘째는 무엇입니까?

답. 세상을 두려워하는(경외하는) 것입니다.[125]

125) 사 51:12,13 "이르시되 너희를 위로하는 자는 나 곧 나이니라 너는 어떠한 자이기에 죽을 사람을 두려워하며 풀 같이 될 사람의 아들을 두려워하느냐"
렘 10:2 "여호와께서 이와 같이 말씀하시되 여러 나라의 길을 배우지 말라 이방 사람들은 하늘의 징조를 두려워하거니와 너희는 그것을 두려워하지 말라"

16. 셋째는 무엇입니까?

답. 우리의 신뢰를 세상에 두는 것입니다.[126]

126) 잠 28:26 "자기의 마음을 믿는 자는 미련한 자요 지혜롭게 행하는 자는 구원을 얻을 자니라"
시 146:3 "귀인들을 의지하지 말며 도울 힘이 없는 인생도 의지하지 말지니"

시 20:7 "어떤 사람은 병거, 어떤 사람은 말을 의지하나 우리는 여호와 우리 하나님의 이름을 자랑하리로다"

17. 어떻게 우리는 뒤의 셋이 처음 셋과 반대된다는 것을 증명합니까?

답. 세상에 대한 사랑이 하나님에 대한 사랑에 반대되기 때문입니다(요일 2:15). 그러므로 세상에 대한 두려움(경외)은 하나님에 대한 두려움(경외)에 반대됩니다.[127] 그리고 세상에 우리의 신뢰를 두는 것은 하나님께 우리의 신뢰를 두는 것에 반대됩니다.[128]

127) 사 51:12,13 "이르시되 너희를 위로하는 자는 나 곧 나이니라 너는 어떠한 자이기에 죽을 사람을 두려워하며 풀 같이 될 사람의 아들을 두려워하느냐 하늘을 펴고 땅의 기초를 정하고 너를 지은 자 여호와를 어찌하여 잊어버렸느냐 너를 멸하려고 준비하는 저 학대자의 분노를 어찌하여 항상 종일 두려워하느냐 학대자의 분노가 어디 있느냐"
사 8:12,13 "이 백성이 반역자가 있다고 말하여도 너희는 그 모든 말을 따라 반역자가 있다고 하지 말며 그들이 두려워하는 것을 너희는 두려워하지 말며 놀라지 말고 만군의 여호와 그를 너희가 거룩하다 하고 그를 너희가 두려워하며 무서워할 자로 삼으라"
128) 시 118:9 "여호와께 피하는 것이 고관들을 신뢰하는 것보다 낫도다"
렘 17:5-7 "여호와께서 이와 같이 말씀하시니라 무릇 사람을 믿으며 육신으로 그의 힘을 삼고 마음이 여호와에게서 떠난 그 사람은 저주를 받을 것이라 그는 사막의 떨기나무 같아서 좋은 일이 오는 것을 보지 못하고 광야 건조한 곳, 건건한 땅, 사람이 살지 않는 땅에 살리라 그러나 무릇 여호와를 의지하며 여호와를 의뢰하는 그 사람은 복을 받을 것이라"

18. 우리는 서로 사랑하지 말아야 합니까? 특히 아랫사람이 그들의 윗사람을 사랑하고 두려워하지 말아야 합니까?

답. 그렇습니다.[129] 하지만 하나님 때문에, 사랑해야 합니다.[130] 그러나 하나님은 그 자신 때문에 사랑을 받으시고, 경외(fear)를 받으셔야 합니다.

129) 마 5:43,44 "또 네 이웃을 사랑하고 네 원수를 미워하라 하였다는 것을 너희가 들었으나
44.나는 너희에게 이르노니 너희 원수를 사랑하며 너희를 박해하는 자를 위하여 기도하라"
130) 마 22:39,40 "둘째도 그와 같으니 네 이웃을 네 자신 같이 사랑하라 하셨으니 이 두 계명이 온 율법과 선지자의 강령이니라"

19. 두 번째 계명은 무엇입니까?

답. "너를 위하여 새긴 우상을 만들지 말고…."

20. 이 계명에서는 한마디로 무엇이 금지됩니까?

답. 자의적인 예배입니다.[131]

131) 시 106:28,29,38,39 "28-29. 그들이 또 브올의 바알과 연합하여 죽은 자에게 제사한 음식을 먹어서 그 행위로 주를 격노하게 함으로써 재앙이 그들 중에 크게 유행하였도다 38-39. 무죄한 피 곧 그들의 자녀의 피를 흘려 가나안의 우상들에게 제사하므로 그 땅이 피로 더러워졌도다 그들은 그들의 행위로 더러워지니 그들의 행동이 음탕하도다"
민 15:39 "이 술은 너희가 보고 여호와의 모든 계명을 기억하여 준행하고 너희를 방종하게 하는 자신의 마음과 눈의 욕심을 따라 음행하지 않게 하기 위함이라"
호 13:2 "이제도 그들은 더욱 범죄하여 그 은으로 자기를 위하여 우상을 부어 만들되 자기의 정교함을 따라 우상을 만들었으며 그것은 다 은장색이 만든 것이거늘 그들은 그것에 대하여 말하기를 제사를 드리는 자는 송아지와 입을 맞출 것이라 하도다"

21. 자의적인 예배란 무엇입니까?

답. 우리 자신의 지혜(wit)와 뜻에 따라 하나님을 예배하는 것입니다.

22. 무엇이 명령됩니까?

답. 그의 말씀에 따라 하나님을 예배하는 것입니다. 그처럼 자녀들이 그들의 부모를 기쁘게 할 것이라고 생각하는 것을 행하는 것이 아니라, 그들의 부모가 자녀들에게 명령한 것을 행하는 것에 의해서, 부모들은 그들의 자녀로부터 섬겨지기를 바랍니다. 그처럼 주인들도 그들의 종으로부터 섬겨지기를 바라고, 그처럼 군주들도 그들의 백성으로부터 그처럼 섬김을 받기를 바랍니다. 하지만 자식은 아버지와 마찬가지로 하나님의 형상으로 지음 받았고, 종들도 주인들과 마찬가지로, 백성들도 군주들과 마찬가지로 지음을 받았으므로, 그들의 부모, 그들의 주인, 그들의 군주를 기쁘게 하기에 적합한 것이 무엇인지 스스로 이해할 수 있습니다. 그러나 우리 중에 누구도 스스로 무엇이 하나님을 기쁘시게 하는 것인지를 이해할 수 없습니다. 왜냐하면 주께서는 "내 생각이 너희의 생각과 다르며, 내 길은 너희의 길과 다름이니라."고 말씀하시기 때문입니다. 또한 주께서는 "하늘이 땅보다 높음같이, 내 길은 너희의 길보다 높으며, 내 생각은 너희의 생각보다 높음이니라."고 말씀하십니다(사55:8,9).

23. 그의 말씀에서 그가 우리에게 명하신 그 하나님에 대한 예배는 무엇입니까?

답. 그것은 각각 다른 시대에 따라 구약의 율법아래 다른 특성(nature)으로 있습니다.

24. 구약시대에 하나님께서 명령하신 예배는 어떤 것입니까?

답. 그에 대한 예배의 장소인 예루살렘 성전에 관하여,[132] (제사장들인 그것을 실행하는 인물들에 관하여,)[133] 다양한 의식들로 이루어집니다. 마지막으로, 다양한 희생제사 가운데서 그들에 의해 실행된 행위들에 관하여 [134] 다양한 의식들로 이루어집니다.

132) 겔 37:25-27 "내가 그들과 화평의 언약을 세워서 영원한 언약이 되게 하고 또 그들을 견고하고 번성하게 하며 내 성소를 그 가운데에 세워서 영원히 이르게 하리니 내 처소가 그들 가운데에 있을 것이며 나는 그들의 하나님이 되고 그들은 내 백성이 되리라 내 성소가 영원토록 그들 가운데에 있으리니 내가 이스라엘을 거룩하게 하는 여호와인 줄을 열국이 알리라 하셨다 하라"
133) 출 28장 전체
134) 레 1:2-4 "이스라엘 자손에게 말하여 이르라 너희 중에 누구든지 여호와께 예물을 드리려거든 가축 중에서 소나 양으로 예물을 드릴지니라 그 예물이 소의 번제이면 흠 없는 수컷으로 회막 문에서 여호와 앞에 기쁘게 받으시도록 드릴지니라 그는 번제물의 머리에 안수할지니 그를 위하여 기쁘게 받으심이 되어 그를 위하여 속죄가 될 것이라"

25. 이에 의해 주로 무엇이 표시됩니까?

답. 하나님의 교회가 예수 그리스도의 죽음과 수난을 통해 누리는 모든 은혜와 유익들에 더하여, 그리스도 예수의 십자가에 달리심이 표시됩니다.[135]

135) 요 1:29 "이튿날 요한이 예수께서 자기에게 나아오심을 보고 이르되 보라 세상 죄를 지고 가는 하나님의 어린 양이로다"
히 10:4,16 "4. 이는 황소와 염소의 피가 능히 죄를 없이 하지 못함이라 16. 주께서 이르시되 그 날 후로는 그들과 맺을 언약이 이것이라 하시고 내 법을 그들의 마음에 두고 그들의 생각에 기록하리라 하신 후에"

26. 그리스도에 의해 우리가 누리는 그 유익들은 무엇입니까?

답. 그것들은 총계하여 셋입니다.

27. 첫째는 무엇입니까?

답. 우리의 죄 사함에 있는, 속죄와 하나님과의 화해입니다.[136]

> 136) 레 4:20 "그 송아지를 속죄제의 수송아지에게 한 것 같이 할지며 제사장이 그것으로 회중을 위하여 속죄한즉 그들이 사함을 받으리라"

28. 둘째는 무엇입니까?

답. 우리 본성의 성화 또는 성결입니다.[137]

> 137) 겔 20:12 "또 내가 그들을 거룩하게 하는 여호와인 줄 알게 하려고 내 안식일을 주어 그들과 나 사이에 표징을 삼았노라"
> 히 10:2 "그렇지 아니하면 섬기는 자들이 단번에 정결하게 되어 다시 죄를 깨닫는 일이 없으리니 어찌 제사 드리는 일을 그치지 아니하였으리요"

29. 셋째는 무엇입니까?

답. 우리 영혼의 구원입니다.[138]

> 138) 신 33:29 "이스라엘이여 너는 행복한 사람이로다 여호와의 구원을 너 같이 얻은 백성이 누구냐 그는 너를 돕는 방패시요 네 영광의 칼이시로다 네 대적이 네게 복종하리니 네가 그들의 높은 곳을 밟으리로다"

30. 신약시대에, 하나님의 말씀 안에 묘사된 하나님께 대한 예배는 어떤 것입니까?

답. 대부분이 단순히 도덕적이고, 영구적인 것입니다.

31. 얼마나 많은 부분들이 그것에 있습니까?

답. 셋입니다.

32. 첫째는 무엇입니까?

답. 그것의 설교(preaching)와 들음 가운데서, 말씀의 사역입니다.[139]

> 139) 눅 4:16-18 "예수께서 그 자라나신 곳 나사렛에 이르사 안식일에 늘 하시던 대로 회당에 들어가사 성경을 읽으려고 서시매 선지자 이사야의 글을 드리거늘 책을 펴서 이렇게 기록된 데를 찾으시니 곧 주의 성령이 내게 임하셨으니 이는 가난한 자에게 복음을 전하게 하시려고 내게 기름을 부으시고 나를 보내사 포로 된 자에게 자유를, 눈 먼 자에게 다시 보게 함을 전파하며 눌린 자를 자유롭게 하고"
> 행 13:15 "율법과 선지자의 글을 읽은 후에 회당장들이 사람을 보내어 물어 이르되 형제들아 만일 백성을 권할 말이 있거든 말하라 하니"
> 엡 4:11,12 "그가 어떤 사람은 사도로, 어떤 사람은 선지자로, 어떤 사람은 복음 전하는 자로, 어떤 사람은 목사와 교사로 삼으셨으니 이는 성도를 온전하게 하여 봉사의 일을 하게 하며 그리스도의 몸을 세우려 하심이라"
> 딤후 2:15 "너는 진리의 말씀을 옳게 분별하며 부끄러울 것이 없는 일꾼으로 인정된 자로 자신을 하나님 앞에 드리기를 힘쓰라"

33. 둘째는 무엇입니까?

답. 기도의 실천입니다.[140]

140) 딤전 2:1 "그러므로 내가 첫째로 권하노니 모든 사람을 위하여 간구와 기도와 도고와 감사를 하되"

마 21:13 "그들에게 이르시되 기록된 바 내 집은 기도하는 집이라 일컬음을 받으리라 하였거늘 너희는 강도의 소굴을 만드는도다 하시니라"

행 2:42 "그들이 사도의 가르침을 받아 서로 교제하고 떡을 떼며 오로지 기도하기를 힘쓰니라"

행 3:1 "제 구 시 기도 시간에 베드로와 요한이 성전에 올라갈새"

행 6:4 "우리는 오로지 기도하는 일과 말씀 사역에 힘쓰리라 하니"

34. 셋째는 무엇입니까?

답. 성례의 집행과 참여입니다.141)

141) 행 2:41 "그 말을 받은 사람들은 세례를 받으매 이 날에 신도의 수가 삼천이나 더하더라"

행 20:7 "그 주간의 첫날에 우리가 떡을 떼려 하여 모였더니 바울이 이튿날 떠나고자 하여 그들에게 강론할새 말을 밤중까지 계속하매"

35. 무엇이 금지됩니까?

답. 이것들에 반대되는 것들입니다.

36. 말씀 사역에 반대되는 것은 무엇입니까?

답. 두 가지입니다.

37. 첫째는 무엇입니까?

답. 그것에 대한 경멸입니다.142)

142) 눅 7:30 "바리새인과 율법교사들은 그의 세례를 받지 아니함으로 그들 자신
을 위한 하나님의 뜻을 저버리니라"

38. 이것은 어디에 있습니까?

답. 두 가지에 있습니다. 즉 그것에 대한 폐지,[143] 혹은 비양심적인 방법 안에
서 그것에 대한 사용에 있습니다.[144]

143) 행 13:46 "바울과 바나바가 담대히 말하여 이르되 하나님의 말씀을 마땅히
먼저 너희에게 전할 것이로되 너희가 그것을 버리고 영생을 얻기에 합당하지 않은
자로 자처하기로 우리가 이방인에게로 향하노라"
144) 눅 8:11,12,... "이 비유는 이러하니라 씨는 하나님의 말씀이요 길 가에 있
다는 것은 말씀을 들은 자니 이에 마귀가 가서 그들이 믿어 구원을 얻지 못하게 하
려고 말씀을 그 마음에서 빼앗는 것이요,...."
렘 22:21 "네가 평안할 때에 내가 네게 말하였으나 네 말이 나는 듣지 아니하리라
하였나니 네가 어려서부터 내 목소리를 청종하지 아니함이 네 습관이라"
겔 33:32 "그들은 네가 고운 음성으로 사랑의 노래를 하며 음악을 잘하는 자 같이
여겼나니 네 말을 듣고도 행하지 아니하거니와"

39. 둘째는 무엇입니까?

답. 하나님의 말씀에 더하거나, 반대되는 예배로부터 가져오는 것입니다.[145]

145) 사 1:12 "너희가 내 앞에 보이러 오니 이것을 누가 너희에게 요구하였느냐
내 마당만 밟을 뿐이니라"
렘 14:15 "그러므로 내가 보내지 아니하였어도 내 이름으로 예언하여 이르기를 칼
과 기근이 이 땅에 이르지 아니하리라 하는 선지자들에 대하여 여호와께서 이와 같
이 말씀하셨노라 그 선지자들은 칼과 기근에 멸망할 것이요"
왕상 12:33 "그가 자기 마음대로 정한 달 곧 여덟째 달 열다섯째 날로 이스라엘 자
손을 위하여 절기로 정하고 벧엘에 쌓은 제단에 올라가서 분향하였더라"

40. 이것에 대하여 약간의 예를 들어보겠습니까?

답. 교황주의자들 사이에 미사의 제사(the sacrifice of the Masse)와 같은 것입니다.[146]

146) 히 7:23,27 "23. 제사장 된 그들의 수효가 많은 것은 죽음으로 말미암아 항상 있지 못함이로되 27. 그는 저 대제사장들이 먼저 자기 죄를 위하고 다음에 백성의 죄를 위하여 날마다 제사 드리는 것과 같이 할 필요가 없으니 이는 그가 단번에 자기를 드려 이루셨음이라"

히 9:12,14,22,25,26,28 "12. 염소와 송아지의 피로 하지 아니하고 오직 자기의 피로 영원한 속죄를 이루사 단번에 성소에 들어가셨느니라 14. 하물며 영원하신 성령으로 말미암아 흠 없는 자기를 하나님께 드린 그리스도의 피가 어찌 너희 양심을 죽은 행실에서 깨끗하게 하고 살아 계신 하나님을 섬기게 하지 못하겠느냐 22. 율법을 따라 거의 모든 물건이 피로써 정결하게 되나니 피흘림이 없은즉 사함이 없느니라 25-26. 대제사장이 해마다 다른 것의 피로써 성소에 들어가는 것 같이 자주 자기를 드리려고 아니하실지니 그리하면 그가 세상을 창조한 때부터 자주 고난을 받았어야 할 것이로되 이제 자기를 단번에 제물로 드려 죄를 없이 하시려고 세상 끝에 나타나셨느니라 28. 이와 같이 그리스도도 많은 사람의 죄를 담당하시려고 단번에 드리신 바 되셨고 구원에 이르게 하기 위하여 죄와 상관 없이 자기를 바라는 자들에게 두 번째 나타나시리라"

히 10:12,14 "12. 오직 그리스도는 죄를 위하여 한 영원한 제사를 드리시고 하나님 우편에 앉으사 14. 그가 거룩하게 된 자들을 한 번의 제사로 영원히 온전하게 하셨느니라"

41. 그 외에 무엇이 있습니까?

답. 미신적인 목적으로 형상을 만드는 것,[147] 교회들 안에 그것들을 배치하는 것,[148] 그것들을 예배하는 것입니다.[149]

147) 출 20:4 "너를 위하여 새긴 우상을 만들지 말고 또 위로 하늘에 있는 것이나 아래로 땅에 있는 것이나 땅 아래 물 속에 있는 것의 어떤 형상도 만들지 말며"
148) 민 33:52 "그 땅의 원주민을 너희 앞에서 다 몰아내고 그 새긴 석상과 부어

만든 우상을 다 깨뜨리며 산당을 다 헐고"

왕하 18:4 "그가 여러 산당들을 제거하며 주상을 깨뜨리며 아세라 목상을 찍으며 모세가 만들었던 놋뱀을 이스라엘 자손이 이때까지 향하여 분향하므로 그것을 부수고 느후스단이라 일컬었더라"

149) 출 20:5 "그것들에게 절하지 말며 그것들을 섬기지 말라 나 네 하나님 여호와는 질투하는 하나님인즉 나를 미워하는 자의 죄를 갚되 아버지로부터 아들에게로 삼사 대까지 이르게 하거니와"

계 9:20 "이 재앙에 죽지 않고 남은 사람들은 손으로 행한 일을 회개하지 아니하고 오히려 여러 귀신과 또는 보거나 듣거나 다니거나 하지 못하는 금, 은, 동과 목석의 우상에게 절하고"

42. 그 외에 무엇이 있습니까?

답. 유물(성유물)들을 예배하는 것입니다.[150]

150) 유 9 "천사장 미가엘이 모세의 시체에 관하여 마귀와 다투어 변론할 때에 감히 비방하는 판결을 내리지 못하고 다만 말하되 주께서 너를 꾸짖으시기를 원하노라 하였거늘"

창 50:25 "요셉이 또 이스라엘 자손에게 맹세시켜 이르기를 하나님이 반드시 당신들을 돌보시리니 당신들은 여기서 내 해골을 메고 올라가겠다 하라 하였더라"

출 13:14 "후일에 네 아들이 네게 묻기를 이것이 어찌 됨이냐 하거든 너는 그에게 이르기를 여호와께서 그 손의 권능으로 우리를 애굽에서 곧 종이 되었던 집에서 인도하여 내실새"

수 24:32 "또 이스라엘 자손이 애굽에서 가져 온 요셉의 뼈를 세겜에 장사하였으니 이곳은 야곱이 백 크시타를 주고 세겜의 아버지 하몰의 자손들에게서 산 밭이라 그것이 요셉 자손의 기업이 되었더라"

43. 그 외에 무엇이 있습니까?

답. 기름, 크림과 소금 등을 성별 하는 것입니다.[151]

151) 롬 14:17 "하나님의 나라는 먹는 것과 마시는 것이 아니요 오직 성령 안에 있는 의와 평강과 희락이라"

44. 기도에 반대되는 것은 무엇입니까?

답. 두 가지 입니다.

45. 첫째는 무엇입니까?

답. 기도에 대한 무시, 혹은 폐지입니다.[152]

152) 시 14:4 "죄악을 행하는 자는 다 무지하냐 그들이 떡 먹듯이 내 백성을 먹으면서 여호와를 부르지 아니하는도다"

46. 둘째는 무엇입니까?

답. 기도의 불법적 사용입니다.

47. 그것은 어디에 있습니까?

답. 두 가지로 있습니다.

48. 첫째는 무엇입니까?

답. 바른 믿음 없이 기도하는 것입니다.[153]

153) 시 16:4 "다른 신에게 예물을 드리는 자는 괴로움이 더할 것이라 나는 그들이 드리는 피의 전제를 드리지 아니하며 내 입술로 그 이름도 부르지 아니하리로다"

49. 그것은 어디에 있습니까?

답. 하나님을 제외하고 다른 어떤 것에 기도하는 것입니다.[154] 예수 그리스도보다 어떤 다른 이름으로 기도하는 것입니다.[155]

154) 빌 4:6 "아무 것도 염려하지 말고 다만 모든 일에 기도와 간구로, 너희 구할 것을 감사함으로 하나님께 아뢰라"

155) 요 15:24 "내가 아무도 못한 일을 그들 중에서 하지 아니하였더라면 그들에게 죄가 없었으려니와 지금은 그들이 나와 내 아버지를 보았고 또 미워하였도다"

히 13:15 "그러므로 우리는 예수로 말미암아 항상 찬송의 제사를 하나님께 드리자 이는 그 이름을 증언하는 입술의 열매니라"

요일 2:1 "나의 자녀들아 내가 이것을 너희에게 씀은 너희로 죄를 범하지 않게 하려 함이라 만일 누가 죄를 범하여도 아버지 앞에서 우리에게 대언자가 있으니 곧 의로우신 예수 그리스도시라"

딤전 2:5 "하나님은 한 분이시요 또 하나님과 사람 사이에 중보자도 한 분이시니 곧 사람이신 그리스도 예수라"

계 8:3 "또 다른 천사가 와서 제단 곁에 서서 금 향로를 가지고 많은 향을 받았으니 이는 모든 성도의 기도와 합하여 보좌 앞 금 제단에 드리고자 함이라"

50. 교황주의자들은 이것을 어깁니까?

답. 그렇습니다.

51. 얼마나 많은 방법이 있습니까?

답. 성자들에게 기도하는 것, 천사들에게 기도하는 것, 형상들에게 기도하는 것입니다.

52. 둘째는 무엇입니까?

답. 올바른 애정 없이 기도하는 것입니다.

53. 그것은 얼마나 많은 방식으로 범해집니까?

답. 두 가지 방식입니다.

54. 어떤 방식으로 범해집니까?

답. 미신적으로 기도하는 것, 혹은 신성 모독적인 기도를 하는 것에서 범해
집니다.

55. 어떻게 미신적으로 기도합니까?

답. 교황주의자들처럼, 그들이 이해하지 못하는 말로 기도하는 것입니다.[156]

156) 고전 14장 전체

56. 어떻게 신성 모독적으로 기도합니까?

답. 합당한 존경과 헌신 없이 기도하는 것입니다.[157]

157) 렘 12:2 "주께서 그들을 심으시므로 그들이 뿌리가 박히고 장성하여 열매를
맺었거늘 그들의 입은 주께 가까우나 그들의 마음은 머니이다"

57. 성례의 바른 집행에 반대되는 것은 무엇입니까?

답. 두 가지입니다.

58. 첫째는 무엇입니까?

답. 하나님의 제도에 대한 경멸입니다.

59. 그것은 어떻게 범해집니까?

답. 두 가지 방식입니다.

60. 첫째는 무엇입니까?

답. 주의 상(the Lord's Table)에 나오지 않는 것에 의해 범해집니다.[158]

158) 출 12:3,24 "3. 너희는 이스라엘 온 회중에게 말하여 이르라 이 달 열흘에 너
희 각자가 어린 양을 잡을지니 각 가족대로 그 식구를 위하여 어린 양을 취하되 24.
너희는 이 일을 규례로 삼아 너희와 너희 자손이 영원히 지킬 것이니"
대하 30:10 "보발꾼이 에브라임과 므낫세 지방 각 성읍으로 두루 다녀서 스불론까
지 이르렀으나 사람들이 그들을 조롱하며 비웃었더라"
눅 22:19 "또 떡을 가져 감사 기도 하시고 떼어 그들에게 주시며 이르시되 이것은
너희를 위하여 주는 내 몸이라 너희가 이를 행하여 나를 기념하라 하시고"

61. 둘째는 무엇입니까?

답. 우리가 나아올 때, 그것을 무가치하게 받는 것에 의해 범해집니다.[159]

159) 고전 11:27 "그러므로 누구든지 주의 떡이나 잔을 합당하지 않게 먹고 마시
는 자는 주의 몸과 피에 대하여 죄를 짓는 것이니라"

62. 둘째 방식은 일반적으로 어떤 것입니까?

답. 교황주의자가 다섯 성례 이상을 도입한 것같이, 우리 자신의 제도를 도

입하는 것입니다.[160]

160) 마 15:9 "사람의 계명으로 교훈을 삼아 가르치니 나를 헛되이 경배하는도다 하였느니라 하시고"

63. 세 번째 계명은 무엇입니까?

답. "너는 네 하나님 여호와의 이름을 망령되게 부르지 말라. (중략)" 이것은 명령하는 그리고 금지하는, 양자의 계명입니다.

64. 이 계명에서 무엇이 명령됩니까?

답. 하나님의 이름을 부르는(이용하는, take) 것입니다.

65. 무엇이 금지됩니까?

답. 하나님의 이름을 망령되이(헛되이) 부르는(이용하는) 것입니다.

66. 하나님의 이름을 부르는 이 일반적인 의무 아래, 특별히 얼마나 많은 의무들이 명령됩니까?

답. 둘입니다.

67. 첫째는 무엇입니까?

답. 그에게 기도하는 것입니다.[161]

161) 시 30:8 "여호와여 내가 주께 부르짖고 여호와께 간구하기를"

68. 둘째는 무엇입니까?

답. 그의 이름으로 맹세하는 것입니다.[162]

162) 신 6:13 "네 하나님 여호와를 경외하며 그를 섬기며 그의 이름으로 맹세할 것이니라"

신 10:20 "네 하나님 여호와를 경외하여 그를 섬기며 그에게 의지하고 그의 이름으로 맹세하라"

수 23:7 "너희 중에 남아 있는 이 민족들 중에 들어가지 말라 그들의 신들의 이름을 부르지 말라 그것들을 가리켜 맹세하지 말라 또 그것을 섬겨서 그것들에게 절하지 말라"

사 65:16 "이러므로 땅에서 자기를 위하여 복을 구하는 자는 진리의 하나님을 향하여 복을 구할 것이요 땅에서 맹세하는 자는 진리의 하나님으로 맹세하리니 이는 이전 환난이 잊어졌고 내 눈 앞에 숨겨졌음이라"

암 8:14 "사마리아의 죄된 우상을 두고 맹세하여 이르기를 단아 네 신들이 살아 있음을 두고 맹세하노라 하거나 브엘세바가 위하는 것이 살아 있음을 두고 맹세하노라 하는 사람은 엎드러지고 다시 일어나지 못하리라"

습 1:5 "또 지붕에서 하늘의 뭇 별에게 경배하는 자들과 경배하며 여호와께 맹세하면서 말감을 가리켜 맹세하는 자들과"

69. 둘째 계명에서 명령된 기도와 이 셋째 계명에서 명령된 기도 사이의 차이점은 무엇입니까?

답. 엄숙한 기도가 둘째 계명에서 명령되고, 우리의 통상적 일의 과정 속에서, 이따금 간략한 불시의 외침이 여기서 명령됩니다.

70. 일반적으로 하나님의 이름이 헛되이 불리는 것 가운데서, 특별히 얼마나 많은 것들이 금지됩니까?

답. 둘입니다.

71. 첫째는 무엇입니까?

답. 헛되이 기도하는 것입니다.

72. 둘째는 무엇입니까?

답. 헛되이 맹세하는 것입니다.

73. 헛되이 기도하는 것은 무엇입니까?

답. 우리의 마음이 그에게서 멀 때에, 우리의 입술로만 기도하는 것입니다.[163]

163) 렘 12:2 "주께서 그들을 심으시므로 그들이 뿌리가 박히고 장성하여 열매를 맺었거늘 그들의 입은 주께 가까우나 그들의 마음은 머니이다"

74. 우리가 얼마나 많은 방식으로 헛되이 맹세할 수 있습니까?

답. 세 가지 방식입니다.

75. 첫째는 무엇입니까?

답. 거짓되게 맹세하는 것에 의한 것입니다.[164] 예레미야는 이르기를, '너는 진실 되게 맹세하라' 고 말했기 때문입니다.[165]

164) 렘 5:2 "그들이 여호와께서 살아 계심을 두고 맹세할지라도 실상은 거짓 맹세니라"
레 19:12 "너희는 내 이름으로 거짓 맹세함으로 네 하나님의 이름을 욕되게 하지 말라 나는 여호와이니라"
165) 렘 4:2 "진실과 정의와 공의로 여호와의 삶을 두고 맹세하면 나라들이 나로 말미암아 스스로 복을 빌며 나로 말미암아 자랑하리라"

76. 둘째는 무엇입니까?

답. 경솔하게 맹세하는 것입니다.[166] 예레미야는 이르기를, '너는 정의로(in judgement) 맹세하라'고 말했기 때문입니다.[167]

166) 수 9:14,15 "무리가 그들의 양식을 취하고는 어떻게 할지를 여호와께 묻지 아니하고 여호수아가 곧 그들과 화친하여 그들을 살리리라는 조약을 맺고 회중 족장들이 그들에게 맹세하였더라"
167) 렘 4:2 "진실과 정의와 공의로 여호와의 삶을 두고 맹세하면 나라들이 나로 말미암아 스스로 복을 빌며 나로 말미암아 자랑하리라"

77. 경솔하게 맹세하는 것은 무엇입니까?

답. 정당한 이유(cause) 없이 맹세하는 것입니다.

78. 맹세에는 얼마나 많은 정당한 이유들이 있습니까?

답. 둘입니다.

79. 첫째는 무엇입니까?

답. 재판관(magistrate)이 우리로 맹세하게 할 때입니다.[168]

168) 출 22:8 "도둑이 잡히지 아니하면 그 집 주인이 재판장 앞에 가서 자기가 그 이웃의 물품에 손 댄 여부의 조사를 받을 것이며"

80. 둘째는 무엇입니까?

답. 우리의 이웃 사이에서 분쟁을 끝내기 위해서, 자발적으로 맹세할 때입니

다.[169]

169) 창 21:24 "아브라함이 이르되 내가 맹세하리라 하고"
창 31:53 "아브라함의 하나님, 나홀의 하나님, 그들의 조상의 하나님은 우리 사이
에 판단하옵소서 하매 야곱이 그의 아버지 이삭이 경외하는 이를 가리켜 맹세하고"
시 15:4 "그의 눈은 망령된 자를 멸시하며 여호와를 두려워하는 자들을 존대하며
그의 마음에 서원한 것은 해로울지라도 변하지 아니하며"

81. 셋째는 무엇입니까?

답. 사악하게 맹세하는 것입니다.[170] 예레미야는 이르기를, '너는 공의로(in righteousness) 맹세하라' 고 말했기 때문입니다.[171]

170) 왕상 19:2 "이세벨이 사신을 엘리야에게 보내어 이르되 내가 내일 이맘때에
는 반드시 네 생명을 저 사람들 중 한 사람의 생명과 같게 하리라 그렇게 하지 아
니하면 신들이 내게 벌 위에 벌을 내림이 마땅하니라 한지라"
왕하 6:31 "왕이 이르되 사밧의 아들 엘리사의 머리가 오늘 그 몸에 붙어 있으면
하나님이 내게 벌 위에 벌을 내리실지로다 하니라"
171) 렘 4:2 "진실과 정의와 공의로 여호와의 삶을 두고 맹세하면 나라들이 나로
말미암아 스스로 복을 빌며 나로 말미암아 자랑하리라"

82. 사악하게 맹세한다는 것은 어떤 것입니까?

답. 우리 자신을 맹세에 얽매는 것이나, 어떤 사악한 일을 맹세하는 것입니
다.[172] 유대인들과 같이: 그들은 바울을 죽일 때까지 먹지도 마시지도 않
을 것이라는 맹세(vow)로 그들 중 40명이 자신들을 얽매었습니다. 그러
한 맹세들은(oaths) 지켜지기보다 어겨지는 것이 낫습니다. 모든 죄들은
그것들을 수행하는데 있습니다. 우리가 그의 이름을 더럽히지 않을지라
도, 하나님께서 우리에게 복수하시기를 바라는 것, 그것은 얼마나 모순됩

니까!173)

172) 렘 4:2 "진실과 정의와 공의로 여호와의 삶을 두고 맹세하면 나라들이 나로 말미암아 스스로 복을 빌며 나로 말미암아 자랑하리라"
173) 행 23:11,12 "그 날 밤에 주께서 바울 곁에 서서 이르시되 담대하라 네가 예루살렘에서 나의 일을 증언한 것 같이 로마에서도 증언하여야 하리라 하시니라 날이 새매 유대인들이 당을 지어 맹세하되 바울을 죽이기 전에는 먹지도 아니하고 마시지도 아니하겠다 하고"

83. 우리는 이 계명을 얼마나 다른 많은 방식으로 범할 수 있습니까?

답. 세 가지 방식입니다.

84. 첫째는 무엇입니까?

답. 하나님의 말씀을 헛되이 취하는 것입니다.

85. 둘째는 무엇입니까?

답. 하나님의 성례를 헛되이 취하는 것입니다.

86. 셋째는 무엇입니까?

답. 하나님의 역사들(works)을 헛되이 취하는 것입니다.

87. 우리가 헛되이 취할 수 있는 하나님의 이 역사들은 무엇입니까?

답. '긍휼'의 역사와 '심판'의 역사입니다.

88. 하나님의 긍휼의 역사가 어떻게 헛되이 취해집니까?

답. 우리가 그것에 의해 감사와 순종으로 자극되지 않을 때입니다.[174]

> 174) 사 1:3 "소는 그 임자를 알고 나귀는 그 주인의 구유를 알건마는 이스라엘은 알지 못하고 나의 백성은 깨닫지 못하는도다 하셨도다"
> 렘 2:6,31,32 "6. 그들이 우리를 애굽 땅에서 인도하여 내시고 광야 곧 사막과 구덩이 땅, 건조하고 사망의 그늘진 땅, 사람이 그 곳으로 다니지 아니하고 그 곳에 사람이 거주하지 아니하는 땅을 우리가 통과하게 하시던 여호와께서 어디 계시냐 하고 말하지 아니하였도다 31. 너희 이 세대여 여호와의 말을 들어 보라 내가 이스라엘에게 광야가 되었었느냐 캄캄한 땅이 되었었느냐 무슨 이유로 내 백성이 말하기를 우리는 놓였으니 다시 주께로 가지 아니하겠다 하느냐 32. 처녀가 어찌 그의 패물을 잊겠느냐 신부가 어찌 그의 예복을 잊겠느냐 오직 내 백성은 나를 잊었나니 그 날 수는 셀 수 없거늘"

89. 하나님의 심판의 역사가 어떻게 헛되이 취해집니까?

답. 우리가 그것에 의해 회개로 고무되지 않을 때입니다.[175]

> 175) 렘 2:30 "내가 너희 자녀들을 때린 것이 무익함은 그들이 징계를 받아들이지 아니함이라 너희 칼이 사나운 사자 같이 너희 선지자들을 삼켰느니라"
> 사 1:5 "너희가 어찌하여 매를 더 맞으려고 패역을 거듭하느냐 온 머리는 병들었고 온 마음은 피곤하였으며"

90. 다음 계명은 무엇입니까?

답. "안식일을 기억하여 거룩하게 지키라(중략)"

91. 이 계명에서는 무엇이 명령됩니까?

답. 안식일을 거룩하게 지키는 것입니다.

92. 금지된 것은 무엇입니까?

답. 안식일을 더럽히는 것입니다.

93. 안식일을 거룩히 지키는 것은 무엇입니까?

답. 그 날의 의무들을 이행하는 것입니다.

94. 그 날의 의무는 얼마나 많은 종류로 있습니까?

답. 공적이고 사적인, 두 종류로 있습니다.

95. 공적인 의무는 무엇입니까?

답. 읽히고[176) 설교되는[177] 하나님의 말씀을 듣고, 기도하고,[178] 시편을 부르고,[179] 성례를 받기 위해[180] 교회에 오는 것입니다. 간단히 말하자면, 말씀과 기도의 실천(exercise)입니다.

176) 행 13:27 "예루살렘에 사는 자들과 그들 관리들이 예수와 및 안식일마다 외우는 바 선지자들의 말을 알지 못하므로 예수를 정죄하여 선지자들의 말을 응하게 하였도다"

177) 행 13:15 "율법과 선지자의 글을 읽은 후에 회당장들이 사람을 보내어 물어 이르되 형제들아 만일 백성을 권할 말이 있거든 말하라 하니"

눅 4:21 "이에 예수께서 그들에게 말씀하시되 이 글이 오늘 너희 귀에 응하였느니라 하시니"

178) 행 16:13 "안식일에 우리가 기도할 곳이 있을까 하여 문 밖 강가에 나가 거기 앉아서 모인 여자들에게 말하는데"

179) 고전 14:26 "그런즉 형제들아 어찌할까 너희가 모일 때에 각각 찬송시도 있으며 가르치는 말씀도 있으며 계시도 있으며 방언도 있으며 통역함도 있나니 모든 것을 덕을 세우기 위하여 하라"

180) 행 20:7 "그 주간의 첫날에 우리가 떡을 떼려 하여 모였더니 바울이 이튿날 떠나고자 하여 그들에게 강론할새 말을 밤중까지 계속하매"

96. 사적인 실천은 어떤 것입니까?

답. 부분적으로는 공통적인 실천, 부분적으로는 고유한 실천입니다.

97. 공통적인 것은 무엇입니까?

답. 공적인 것에 관한 것 외에, 말씀과 기도의 실천입니다.

98. 고유한 것은 무엇입니까?

답. '논의'(conference)와 '묵상'입니다.

99. 두 번째 돌 판의 첫 계명은 무엇입니까?

답. "네 부모를 공경하라"

100. 이 계명에서 명령된 의무는 무엇입니까?

답. 사회에서 그의 지위에 대하여, 모든 사람들에게 우리가 빚지고 있는 의무입니다.

101. 아버지와 어머니에 의해 얼마나 많은 부류의 사람들이 의미됩니까?

답. 세 부류입니다.

102. 그들은 누구입니까?

답. 첫째로 선천적인 부모입니다.

103. 자녀들은 부모를 공경해야 합니다.[181] 그 외에 누구를 공경해야 합니까?

답. 주인들입니다.

181) 말 1:6 "내 이름을 멸시하는 제사장들아 나 만군의 여호와가 너희에게 이르기를 아들은 그 아버지를, 종은 그 주인을 공경하나니 내가 아버지일진대 나를 공경함이 어디 있느냐 내가 주인일진대 나를 두려워함이 어디 있느냐 하나 너희는 이르기를 우리가 어떻게 주의 이름을 멸시하였나이까 하는도다"
레 19:3 "너희 각 사람은 부모를 경외하고 나의 안식일을 지키라 나는 너희의 하나님 여호와이니라"

104. 종들은 주인을 공경해야 합니다.[182] 그 외에 누구를 공경해야 합니까?

답. 군주와 공직자들입니다.

> 182) 딤전 6:1 "무릇 멍에 아래에 있는 종들은 자기 상전들을 범사에 마땅히 공경할 자로 알지니 이는 하나님의 이름과 교훈으로 비방을 받지 않게 하려 함이라"

105. 백성은 그들을 공경해야 합니다.[183] 공경에 의해 어떤 것이 의미됩니까?

답. 순종입니다.[184]

> 183) 벧전 2:17 "뭇 사람을 공경하며 형제를 사랑하며 하나님을 두려워하며 왕을 존대하라"
> 184) 엡 6:1,5 "1. 자녀들아 주 안에서 너희 부모에게 순종하라 이것이 옳으니라 5. 종들아 두려워하고 떨며 성실한 마음으로 육체의 상전에게 순종하기를 그리스도께 하듯 하라"
> 벧전 2:18 "사환들아 범사에 두려워함으로 주인들에게 순종하되 선하고 관용하는 자들에게만 아니라 또한 까다로운 자들에게도 그리하라"
> 벧전 2:13 "인간의 모든 제도를 주를 위하여 순종하되 혹은 위에 있는 왕이나"

106. 백성들은 모든 일들에 있어 그들에게 순종해야 합니까?

답. 아닙니다.[185]

> 185) 행 5:26 "성전 맡은 자가 부하들과 같이 가서 그들을 잡아왔으나 강제로 못함은 백성들이 돌로 칠까 두려워함이더라"
> 미 6:16 "너희가 오므리의 율례와 아합 집의 모든 예법을 지키고 그들의 전통을 따르니 내가 너희를 황폐하게 하며 그의 주민을 사람의 조소 거리로 만들리라 너희가 내 백성의 수욕을 담당하리라"
> 눅 14:26 "무릇 내게 오는 자가 자기 부모와 처자와 형제와 자매와 더욱이 자기 목숨까지 미워하지 아니하면 능히 내 제자가 되지 못하고"

107. 그렇다면 어떤 것에 순종합니까?

답. 중립적인(indifferent) 것들에 순종합니다.[186]

186) 골 3:22 "종들아 모든 일에 육신의 상전들에게 순종하되 사람을 기쁘게 하는 자와 같이 눈가림만 하지 말고 오직 주를 두려워하여 성실한 마음으로 하라"

108. "중립적인 것들"이란 무엇입니까?

답. 하나님이 명하지 않으셨고, 금하지도 않으신 그러한 것들입니다.

109. 이 계명에서 얼마나 많은 것들이 명령됩니까?

답. 세 가지입니다.

110. 첫째는 무엇입니까?

답. 그들의 윗사람을 향한 아랫사람의 의무입니다.[187]

187) 벧전 2:1 "그러므로 모든 악독과 모든 기만과 외식과 시기와 모든 비방하는 말을 버리고"
롬 13:1 "각 사람은 위에 있는 권세들에게 복종하라 권세는 하나님으로부터 나지 않음이 없나니 모든 권세는 다 하나님께서 정하신 바라"

111. 이것이 표명됩니다. 그밖에 무엇이 있습니까?

답. 자녀들을 향한 부모의 의무와 종들을 향한 주인의 의무, 백성들을 향한 군주의 의무와 같이, 아랫사람들을 향한 윗사람들의 의무입니다.[188]

188) 골 4:1 "상전들아 의와 공평을 종들에게 베풀지니 너희에게도 하늘에 상전

이 계심을 알지어다"

엡 6:9,4 "9. 상전들아 너희도 그들에게 이와 같이 하고 위협을 그치라 이는 그
들과 너희의 상전이 하늘에 계시고 그에게는 사람을 외모로 취하는 일이 없는 줄
너희가 앎이라 4. 또 아비들아 너희 자녀를 노엽게 하지 말고 오직 주의 교훈과
훈계로 양육하라"

112. 이것은 관계들의 법칙에(by the rule of relatives) 의해 암시됩니다. 그
밖에 무엇이 있습니까?

답. 동등한 자들이 그들 자신 사이에서 서로 실행하여야 할 의무입니다. 서
로 존경하는 것, 서로 예의 바르게 되는 것,[189] 서로 존중하는 것과 같은
것입니다.[190] 왜냐하면 모든 그들의 의무들이 이 계명보다 다른 어떤 계
명에 언급될 수 없기 때문입니다.

189) 엡 4:32 "서로 친절하게 하며 불쌍히 여기며 서로 용서하기를 하나님이 그
리스도 안에서 너희를 용서하심과 같이 하라"
190) 벧전 2:17 "뭇 사람을 공경하며 형제를 사랑하며 하나님을 두려워하며 왕
을 존대하라"
롬 12:10 "형제를 사랑하여 서로 우애하고 존경하기를 서로 먼저 하며"

113. 이 계명의 상벌조항(sanction)은 무엇입니까?

답. "너의 하나님 여호와께서 네게 주신 땅에서 장수하리라"

114. 이것에서 어떤 것이 약속됩니까?

답. 장수(long life)입니다.

115. 모든 하나님의 자녀들이 수명을 지닙니까?

답. 그들은 두 가지 종류의 방식을 지닙니다.

116. 첫째는 무엇입니까?

답. 모든 상황과 여건들이 그들의 선을 위해 역사하는 한,[191] 그들이 질병 가운데서 건강의 복을 소유하고, 빈곤 가운데서 부의 복을 소유하는 것처럼, 그들은 이 세상에서 장수의 복(blessing)을 받습니다.[192]

191) 롬 8:2 "이는 그리스도 예수 안에 있는 생명의 성령의 법이 죄와 사망의 법에서 너를 해방하였음이라"
192) 잠 3:16 "그의 오른손에는 장수가 있고 그의 왼손에는 부귀가 있나니"
전 8:12 "죄인은 백 번이나 악을 행하고도 장수하거니와 또한 내가 아노니 하나님을 경외하여 그를 경외하는 자들은 잘 될 것이요"

117. 둘째는 무엇입니까?

답. 그들이 현세에서 죽자마자, 그들은 천국에 있는 삶으로 들어갑니다. 그래서 현세에 그것이 짧아질수록, 내세에서 그것은 더 길어집니다.

118. 진실로 가나안 땅은 천국의 모형이었습니다. 그러나 사악한 자들이 때때로 장수하지 않습니까?

답. 이 땅에서는 그렇습니다. 그러나 그것은 그들에게 복된 삶이 아니라, 저주받는 삶입니다. 그리고 그것은 단지 죄 안에서의 삶일 뿐입니다. 그것을 성경은 생명보다는 죽음으로 언급합니다.[193]

193) 사 65:20 "거기는 날 수가 많지 못하여 죽는 어린이와 수한이 차지 못한 노

인이 다시는 없을 것이라 곧 백 세에 죽는 자를 젊은이라 하겠고 백 세가 못되어 죽는 자는 저주 받은 자이리라"

119. 다음 계명은 무엇입니까?

답. "살인하지 말라"

120. 이 계명에서는 무엇이 금지됩니까?

답. 무자비함, 혹은 잔인함입니다.[194]

194) 잠 12:10 "의인은 자기의 가축의 생명을 돌보나 악인의 긍휼은 잔인이니라"

121. 무엇이 명령됩니까?

답. 긍휼과 그것에 관한 모든 일들입니다.[195]

195) 마 5:7 "긍휼히 여기는 자는 복이 있나니 그들이 긍휼히 여김을 받을 것임이요"

122. 긍휼의 일들, 그것들은 얼마나 많은 종류로 있습니까?

답. 두 종류입니다.

123. 그것들은 무엇입니까?

답. 육체에 관한 것이거나,[196] 영혼에 관한 것입니다.[197]

196) 눅 10:37 "이르되 자비를 베푼 자니이다 예수께서 이르시되 가서 너도 이

와 같이 하라 하시니라"

약 3:17 "오직 위로부터 난 지혜는 첫째 성결하고 다음에 화평하고 관용하고 양순하며 긍휼과 선한 열매가 가득하고 편견과 거짓이 없나니"

197) 유 1:22 "어떤 의심하는 자들을 긍휼히 여기라"

124. 육체에 관한 긍휼(mercy)의 일은 무엇입니까?

답. 주린 자를 먹이는 것, 목마른 자를 소성케 하는 것, 벌거벗은 자를 입혀 주는 것, 피난처 없는 자들을 구조하는 것, 병든 자를 돌보는 것 등입니다.[198]

198) 마 25:35 "내가 주릴 때에 너희가 먹을 것을 주었고 목마를 때에 마시게 하였고 나그네 되었을 때에 영접하였고…"

125. 영혼에 관한 긍휼의 일은 무엇입니까?

답. 교훈하는 것, 의 가운데서 권고하는 것, 사람들의 영혼의 선과 구원을 바라고 노력하는 것입니다.[199]

199) 마 9:36 "무리를 보시고 불쌍히 여기시니 이는 그들이 목자 없는 양과 같이 고생하며 기진함이라"

눅 1:77 "주의 백성에게 그 죄 사함으로 말미암는 구원을 알게 하리니"

126. 이들 두 종류 중에, 가장 가치 있는 일은 어느 것입니까?

답. 영혼에 관한 긍휼의 일입니다.[200]

200) 마 16:26 "사람이 만일 온 천하를 얻고도 제 목숨을 잃으면 무엇이 유익하리요 사람이 무엇을 주고 제 목숨과 바꾸겠느냐"

127. 이 계명은 얼마나 많은 방식으로 어겨질 수 있습니까?

  답. 일반적으로 두 가지 방식입니다.

128. 어떤 것입니까?

  답. 내적이거나, 혹은 외적인 것입니다.

129. 내적으로 어떻게 어겨집니까?

  답. 분노와[201] 악의의[202] 두 가지 격정에 의해 어겨집니다.

> 201) 마 5:22 "나는 너희에게 이르노니 형제에게 노하는 자마다 심판을 받게 되
> 고 형제를 대하여 라가라 하는 자는 공회에 잡혀가게 되고 미련한 놈이라 하는 자
> 는 지옥 불에 들어가게 되리라"
> 202) 요일 3:15 "그 형제를 미워하는 자마다 살인하는 자니 살인하는 자마다 영
> 생이 그 속에 거하지 아니하는 것을 너희가 아는 바라"

130. 분노란 무엇입니까?

  답. 복수에 대한 욕망입니다.

131. 모든 복수가 금지됩니까?

  답. 그렇지 않습니다.

132. 무엇이 금지되고, 무엇이 금지되지 않습니까?

  답. 사적인 복수는 금지되고, 공적인 복수는 금지되지 않습니다.[203]

203) 롬 12:19 "내 사랑하는 자들아 너희가 친히 원수를 갚지 말고 하나님의 진
노하심에 맡기라 기록되었으되 원수 갚는 것이 내게 있으니 내가 갚으리라고 주
께서 말씀하시니라"

잠 20:22 "너는 악을 갚겠다 말하지 말고 여호와를 기다리라 그가 너를 구원하시
리라 "

잠 24:29 "너는 그가 내게 행함 같이 나도 그에게 행하여 그가 행한 대로 그 사
람에게 갚겠다 말하지 말지니라"

133. 공적인 복수란 무엇입니까?

답. 판사(magistrate)의 손에 의해 범인에게 실시된 복수입니다. 이것은 합
법적입니다.[204] 왜냐하면 그것은 하나님의 복수이기 때문입니다.[205]

204) 롬 13:4 "그는 하나님의 사역자가 되어 네게 선을 베푸는 자라 그러나 네
가 악을 행하거든 두려워하라 그가 공연히 칼을 가지지 아니하였으니 곧 하나님
의 사역자가 되어 악을 행하는 자에게 진노하심을 따라 보응하는 자니라"

205) 요 19:11 "예수께서 대답하시되 위에서 주지 아니하셨더라면 나를 해할 권
한이 없었으리니 그러므로 나를 네게 넘겨 준 자의 죄는 더 크다 하시니라"

134. 이 계명이 외적으로 얼마나 많은 방식으로 어겨집니까?

답. 세 가지 방식입니다.

135. 어떤 방식으로 어겨집니까?

답. 외모에 의해, 말에 의해, 행동에 의해 어겨집니다.

136. 외모에 의해 어떻게 어겨집니까?

답. 복수심이나 악의적인 마음이 찌푸린 인상이나 화난 표정에 의해, 그 자체를 들어낼 때와 같습니다.[206]

206) 창 4:5 "가인과 그의 제물은 받지 아니하신지라 가인이 몹시 분하여 안색이 변하니"
마 5:22 "나는 너희에게 이르노니 형제에게 노하는 자마다 심판을 받게 되고 형제를 대하여 라가라 하는 자는 공회에 잡혀가게 되고 미련한 놈이라 하는 자는 지옥 불에 들어가게 되리라"

137. 말에 의해 어떻게 어겨집니까?

답. 우리 마음의 불규칙적인 격정이 악한 말로 나타날 때입니다.[207]

207) 마 5:22 "나는 너희에게 이르노니 형제에게 노하는 자마다 심판을 받게 되고 형제를 대하여 라가라 하는 자는 공회에 잡혀가게 되고 미련한 놈이라 하는 자는 지옥 불에 들어가게 되리라"
행 23:3 "바울이 이르되 회칠한 담이여 하나님이 너를 치시리로다 네가 나를 율법대로 심판한다고 앉아서 율법을 어기고 나를 치라 하느냐 하니"

138. 행위에 의해 어떻게 어겨집니끼?

답. 네 가지 방식입니다.

139. 첫째는 무엇입니까?

답. 우리 형제를 때리는 것입니다.[208]

208) 행 23:2 "대제사장 아나니아가 바울 곁에 서 있는 사람들에게 그 입을 치라 명하니"

140. 둘째는 무엇입니까?

답. 형제에게 상처를 입히는 것입니다.[209]

209) 눅 10:30 "예수께서 대답하여 이르시되 어떤 사람이 예루살렘에서 여리고
로 내려가다가 강도를 만나매 강도들이 그 옷을 벗기고 때려 거의 죽은 것을 버
리고 갔더라"

141. 셋째는 무엇입니까?

답. 형제를 불구로 만드는 것입니다.[210]

210) 출 21:24,29 "24. 눈은 눈으로, 이는 이로, 손은 손으로, 발은 발로, 29. 소
가 본래 받는 버릇이 있고 그 임자는 그로 말미암아 경고를 받았으되 단속하지 아
니하여 남녀를 막론하고 받아 죽이면 그 소는 돌로 쳐죽일 것이고 임자도 죽일 것
이며"

142. 넷째는 무엇입니까?

답. 형제를 죽이는 것입니다.[211] 그리고 부모[212]가 아이를 살해하는 것,[213]
아이가 그 자신의 부모를 살해하는 것,[214] 형제가 형제를 살해하는 것과
같이,[215] 이런 종류에 있어 죄의 가장 높은 단계에 우리가 이르기까지,
즉 사람이 그 자신에게 폭력적인 손을 가할 때까지,[216] 살해당한 당사자
들이 혈연의 가까움 안에서 우리와 가까움에 따라서, 다양한 단계들이
있습니다.

211) 출 2:13 "이튿날 다시 나가니 두 히브리 사람이 서로 싸우는지라 그 잘못한
사람에게 이르되 네가 어찌하여 동포를 치느냐 하매"
창 4:9 "여호와께서 가인에게 이르시되 네 아우 아벨이 어디 있느냐 그가 이르되
내가 알지 못하나이다 내가 내 아우를 지키는 자니이까"
212) 왕하 3:27 "이에 자기 왕위를 이어 왕이 될 맏아들을 데려와 성 위에서 번

제를 드린지라 이스라엘에게 크게 격노함이 임하매 그들이 떠나 각기 고국으로 돌아갔더라"

렘 19:9 "그들이 그들의 원수와 그들의 생명을 찾는 자에게 둘러싸여 곤경에 빠질 때에 내가 그들이 그들의 아들의 살, 딸의 살을 먹게 하고 또 각기 친구의 살을 먹게 하리라 하셨다 하고"

대하 33:6 "또 힌놈의 아들 골짜기에서 그의 아들들을 불 가운데로 지나가게 하며 또 점치며 사술과 요술을 행하며 신접한 자와 박수를 신임하여 여호와 보시기에 악을 많이 행하여 여호와를 진노하게 하였으며"

213) 애 4:10 "딸 내 백성이 멸망할 때에 자비로운 부녀들이 자기들의 손으로 자기들의 자녀들을 삶아 먹었도다"

214) 사 37:38 "자기 신 니스록의 신전에서 경배할 때에 그의 아들 아드람멜렉과 사레셀이 그를 칼로 죽이고 아라랏 땅으로 도망하였으므로 그의 아들 에살핫돈이 이어 왕이 되니라"

215) 삼하 13:29 "압살롬의 종들이 압살롬의 명령대로 암논에게 행하매 왕의 모든 아들들이 일어나 각기 노새를 타고 도망하니라"

216) 삼하 17:23 "아히도벨이 자기 계략이 시행되지 못함을 보고 나귀에 안장을 지우고 일어나 고향으로 돌아가 자기 집에 이르러 집을 정리하고 스스로 목매어 죽으매 그의 조상의 묘에 장사되니라"

143. 이 계명에서 무엇이 명령됩니까?

답. 그에게 선한 것 외에는 아무 것도 말하지 말라는 것,217) 우리가 할 수 있는 모든 선한 일들을 그에게 행하는 것입니다.218)

217) 창 31:29 "너를 해할 만한 능력이 내 손에 있으나 너희 아버지의 하나님이 어제 밤에 내게 말씀하시기를 너는 삼가 야곱에게 선악간에 말하지 말라 하셨느니라"

218) 눅 10:27 "대답하여 이르되 네 마음을 다하며 목숨을 다하며 힘을 다하며 뜻을 다하여 주 너의 하나님을 사랑하고 또한 네 이웃을 네 자신 같이 사랑하라 하였나이다"

롬 12:14 "너희를 박해하는 자를 축복하라 축복하고 저주하지 말라"

엡 4:3 "평안의 매는 줄로 성령이 하나 되게 하신 것을 힘써 지키라"

144. 다음 계명은 무엇입니까?

　답. "간음하지 말라"

145. 이 계명에서는 무엇이 금지됩니까?

　답. 한마디로 무절제입니다.

146. 무엇이 명령됩니까?

　답. 절제의 미덕입니다.

147. 절제(temperance)란 무엇입니까?

　답. 육체의 쾌락에 대한 절도(moderation)입니다.

148. 그것에 대해 얼마나 많은 종류가 있습니까?

　답. 두 종류입니다.

149. 그것들은 어떤 것입니까?

　답. 술 취하지 않음(Sobriety)과 순결(chastity)입니다.

150. 무엇이 술 취하지 않음에 반대됩니까?

　답. 먹는 것에 있어 탐식함과, 마시는 것에 있어 술 취함입니다.

151. 무엇이 순결에 반대됩니까?

답. 음란(unchastity)이나, 불결함의 죄입니다.

152. 이 계명을 얼마나 많은 방식으로 어기게 됩니까?

답. 일반적으로 두 가지 방식입니다.

153. 어떠한 방식으로 어기게 됩니까?

답. 내적으로나 외적으로 어기게 됩니다.

154. 어떻게 내적으로 어기게 됩니까?

답. 음란하거나 무절제한 마음에 의해 어기게 됩니다.[219]

> 219) 마 19:5 "말씀하시기를 그러므로 사람이 그 부모를 떠나서 아내에게 합하여 그 둘이 한 몸이 될지니라 하신 것을 읽지 못하였느냐"
> 마 5:28 "나는 너희에게 이르노니 음욕을 품고 여자를 보는 자마다 마음에 이미 간음하였느니라"

155. 외적으로는 얼마나 많은 방식이 있습니까?

답. 세 가지 방식입니다.

156. 첫째는 무엇입니까?

답. 음탕한 눈초리에 의한 것입니다.[220]

220) 벧후 2:14 "음심이 가득한 눈을 가지고 범죄하기를 그치지 아니하고 굳세지 못한 영혼들을 유혹하며 탐욕에 연단된 마음을 가진 자들이니 저주의 자식이라"

157. 그밖에 어떤 방식입니까?

답. 음탕한 말에 의한 것입니다.[221]

221) 엡 4:29 "무릇 더러운 말은 너희 입 밖에도 내지 말고 오직 덕을 세우는 데 소용되는 대로 선한 말을 하여 듣는 자들에게 은혜를 끼치게 하라"

158. 그밖에 어떤 방식입니까?

답. 음탕한 행위들에 의해서입니다.[222] 그것에 우리가 남색의 죄로 불리는,[223] 이 종류에 있어 가장 높은 수준에 이르기까지, 죄에 있어 많은 단계가 있습니다.

222) 고전 6:9 "불의한 자가 하나님의 나라를 유업으로 받지 못할 줄을 알지 못하느냐 미혹을 받지 말라 음행하는 자나 우상 숭배하는 자나 간음하는 자나 탐색하는 자나 남색하는 자나"
레 20:11 "누구든지 그의 아버지의 아내와 동침하는 자는 그의 아버지의 하체를 범하였은즉 둘 다 반드시 죽일지니 그들의 피가 자기들에게로 돌아가리라"
창 20:6 "하나님이 꿈에 또 그에게 이르시되 네가 온전한 마음으로 이렇게 한 줄을 나도 알았으므로 너를 막아 내게 범죄하지 아니하게 하였나니 여인에게 가까이 하지 못하게 함이 이 때문이니라"
욥 31:9 "만일 내 마음이 여인에게 유혹되어 이웃의 문을 엿보아 문에서 숨어 기다렸다면"
223) 딤전 1:10 "음행하는 자와 남색하는 자와 인신 매매를 하는 자와 거짓말하는 자와 거짓맹세하는 자와 기타 바른 교훈을 거스르는 자를 위함이니"
롬 1:26,27 "이 때문에 하나님께서 그들을 부끄러운 욕심에 내버려 두셨으니 곧 그들의 여자들도 순리대로 쓸 것을 바꾸어 역리로 쓰며 그와 같이 남자들도 순리대로 여자 쓰기를 버리고 서로 향하여 음욕이 불 일듯 하매 남자가 남자와 더불어 부끄러운 일을 행하여 그들의 그릇됨에 상당한 보응을 그들 자신이 받았느니라"

159. 다음 계명은 무엇입니까?

답. "도둑질하지 말라"

160. 그 계명에서는 얼마나 많은 것들이 금지됩니까?

답. 두 가지입니다.

161. 첫째는 무엇입니까?

답. 직업(vocation)이 없이 사는 것입니다.[224]

224) 겔 16:49 "네 아우 소돔의 죄악은 이러하니 그와 그의 딸들에게 교만함과 음식물의 풍족함과 태평함이 있음이며 또 그가 가난하고 궁핍한 자를 도와 주지 아니하며"
잠 6:6 "게으른 자여 개미에게 가서 그가 하는 것을 보고 지혜를 얻으라"

162. 둘째는 무엇입니까?

답. 우리가 우리의 직업에서 얻는 수입에 만족하지 못하는 것입니다.[225]

225) 잠 27:20 "스올과 아바돈은 만족함이 없고 사람의 눈도 만족함이 없느니라"
잠 30:15 "거머리에게는 두 딸이 있어 다오 다오 하느니라 족한 줄을 알지 못하여 족하다 하지 아니하는 것 서넛이 있나니"
합 2:5 "그는 술을 즐기며 거짓되고 교만하여 가만히 있지 아니하고 스올처럼 자기의 욕심을 넓히며 또 그는 사망 같아서 족한 줄을 모르고 자기에게로 여러 나라를 모으며 여러 백성을 모으나니"

163. 셋째는 무엇입니까?

답. 그 재물로 우리의 이웃에게 해를 끼치는 것입니다.[226]

226) 살전 4:6 "이 일에 분수를 넘어서 형제를 해하지 말라 이는 우리가 너희에게 미리 말하고 증언한 것과 같이 이 모든 일에 주께서 신원하여 주심이라"

164. 무엇이 명령됩니까?

답. 세 가지입니다.

165. 첫째는 무엇입니까?

답. 합법적인 직업에 종사하는 것입니다.[227]

227) 살후 3:11,12 "우리가 들은즉 너희 가운데 게으르게 행하여 도무지 일하지 아니하고 일을 만들기만 하는 자들이 있다 하니 이런 자들에게 우리가 명하고 주 예수 그리스도 안에서 권하기를 조용히 일하여 자기 양식을 먹으라 하노라"
히 13:5 "돈을 사랑하지 말고 있는 바를 족한 줄로 알라 그가 친히 말씀하시기를 내가 결코 너희를 버리지 아니하고 너희를 떠나지 아니하리라 하셨느니라"

166. 둘째는 무엇입니까?

답. 우리의 재산에 만족하는 것입니다.

167. 셋째는 무엇입니까?

답. 그의 재산으로 우리의 이웃을 돕는 것입니다.[228]

228) 엡 4:28 "도둑질하는 자는 다시 도둑질하지 말고 돌이켜 가난한 자에게 구

제할 수 있도록 자기 손으로 수고하여 선한 일을 하라"

168. 이것은 얼마나 많은 방식으로 어기게 됩니까?

답. 내적으로나 외적으로, 두 가지 방식에 의해 어기게 됩니다.

169. 내적으로는 어떻게 어기게 됩니까?

답. 탐욕과 불만족에 의해 어기게 됩니다.

170. 탐욕이란 무엇입니까?

답. 부에 대한 욕망입니다.[229]

229) 전 5:9 "땅의 소산물은 모든 사람을 위하여 있나니 왕도 밭의 소산을 받느니라"
잠 15:27 "이익을 탐하는 자는 자기 집을 해롭게 하나 뇌물을 싫어하는 자는 살게 되느니라"

171. 부유해진다는 것은 어떤 것입니까?

답. 필요한 이상으로 물질이 풍부한 것입니다.[230]

230) 눅 12:21 "자기를 위하여 재물을 쌓아 두고 하나님께 대하여 부요하지 못한 자가 이와 같으니라"
잠 30:8 "곧 헛된 것과 거짓말을 내게서 멀리 하옵시며 나를 가난하게도 마옵시고 부하게도 마옵시고 오직 필요한 양식으로 나를 먹이시옵소서"

172. 필요한 것들, 그것들은 얼마나 많은 종류입니까?

답. 두 종류입니다.

173. 어떤 종류로 있습니까?

답. 우리 개인에게 필요한 것이나, 우리 직업에 필요한 것입니다.

174. 외적으로 그것은 어떻게 어기게 됩니까?

답. 두 가지 방식입니다.

175. 그것들은 어떤 것입니까?

답. 명백하게 또는 은밀하게 어기게 되는 방식입니다.

176. 명백하게, 얼마나 많은 방식이 있습니까?

답. 폭력이나[231] 속임수로 어기게 됩니다.[232]

> 231) 레 19:11 "너희는 도둑질하지 말며 속이지 말며 서로 거짓말하지 말며"
> 시 62:10 "포악을 의지하지 말며 탈취한 것으로 허망하여지지 말며 재물이 늘어
> 도 거기에 마음을 두지 말지어다"
> 232) 엡 4:28 "도둑질하는 자는 다시 도둑질하지 말고 돌이켜 가난한 자에게 구
> 제할 수 있도록 자기 손으로 수고하여 선한 일을 하라"

177. 폭력에 의해 어떻게 어기게 됩니까?

답. 강도질에 의해 어기게 됩니다.

178. 속이는 것에 의해서는 어떻게 어기게 됩니까?

답. 좀도둑질, 절도, 사취 등등에 의해 어기게 됩니다.

179. 은밀하게, 얼마나 많은 방식으로 어기게 됩니까?

답. 세상에 직업들이 있는 만큼 많은 방식이 있습니다.[233]

233) 살전 4:6 "이 일에 분수를 넘어서 형제를 해하지 말라 이는 우리가 너희에게 미리 말하고 증언한 것과 같이 이 모든 일에 주께서 신원하여 주심이라"

180. 다음 계명은 무엇입니까?

답. "네 이웃에 대하여 거짓증거하지 말라"

181. 여기에서 무엇이 금지됩니까?

답. 모든 거짓말하는 것과 위선(dissimulation)입니다.[234]

234) 딤전 1:10 "음행하는 자와 남색하는 자와 인신 매매를 하는 자와 거짓말하는 자와 거짓맹세하는 자와 기타 바른 교훈을 거스르는 자를 위함이니"
계 22:15 "개들과 점술가들과 음행하는 자들과 살인자들과 우상 숭배자들과 및 거짓말을 좋아하며 지어내는 자는 다 성 밖에 있으리라"

182. 무엇이 명령됩니까?

답. 진실과 분명한 처신입니다.[235]

235) 시 15:2,3 "정직하게 행하며 공의를 실천하며 그의 마음에 진실을 말하며 그의 혀로 남을 허물하지 아니하고 그의 이웃에게 악을 행하지 아니하며 그의 이

웃을 비방하지 아니하며"

183. 이 계명이 얼마나 많은 방식으로 어기게 됩니까?

답. 두 가지 방식입니다.

184. 그것들은 어떤 것입니까?

답. 과도하거나 부족한 것에 의한 것입니다.

185. 과도함에 의해 어떻게 어기게 됩니까?

답. 진실 이상으로 말하는 것에 의해 어기게 됩니다.

186. 진실인 것 이상으로 말하는 것은 항상 죄입니까?

답. 예, 항상 그렇습니다.[236]

> 236) 레 19:11 "너희는 도둑질하지 말며 속이지 말며 서로 거짓말하지 말며"
> 마 5:37 "오직 너희 말은 옳다 옳다, 아니라 아니라 하라 이에서 지나는 것은 악
> 으로부터 나느니라"

187. 부족한 것에 의해 어떻게 어기게 됩니까?

답. 진실보다 적게 말하는 것에 의해 어기게 됩니다.

188. 진실보다 적게 말하는 것은 항상 죄입니까?

답. 아닙니다.[237] 만약 우리가 전체 진실을 말하도록 요구받지 않는다면, 그렇지 않습니다.

237) 창 20:12 "또 그는 정말로 나의 이복 누이로서 내 아내가 되었음이니라"
왕상 22:16 "왕이 그에게 이르되 내가 몇 번이나 네게 맹세하게 하여야 네가 여호와의 이름으로 진실한 것으로만 내게 말하겠느냐"
행 5:8 "베드로가 이르되 그 땅 판 값이 이것뿐이냐 내게 말하라 하니 이르되 예 이것뿐이라 하더라"
창 43:6 "이스라엘이 이르되 너희가 어찌하여 너희에게 또 다른 아우가 있다고 그 사람에게 말하여 나를 괴롭게 하였느냐"

189. 마지막 계명은 무엇입니까?

답. "탐내지 말라"

190. 여기서 무엇이 금지됩니까?

답. 죄에 이르는 첫 충동들(motions)입니다.[238]

238) 롬 7:7 "그런즉 우리가 무슨 말을 하리요 율법이 죄냐 그럴 수 없느니라 율법으로 말미암지 않고는 내가 죄를 알지 못하였으니 곧 율법이 탐내지 말라 하지 아니하였더라면 내가 탐심을 알지 못하였으리라"

191. 죄에 이르는 첫 충동들이란 무엇입니까?

답. 의지가 죄에 동의하기 전에 일어나는 그러한 것입니다.[239]

239) 롬 7:23 "내 지체 속에서 한 다른 법이 내 마음의 법과 싸워 내 지체 속에 있는 죄의 법으로 나를 사로잡는 것을 보는도다"

약 1:15 "욕심이 잉태한즉 죄를 낳고 죄가 장성한즉 사망을 낳느니라"

192. 무엇이 명령됩니까?

답. 선을 향한 첫 충동들입니다.[240]

240) 롬 7:22 "내 속사람으로는 하나님의 법을 즐거워하되"

193. 우리는 이들 첫 선한 충동들을 어떻게 우리 안에 일으키게 할 수 있습니까?

답. 선한 것들에 대한 빈번한 묵상과, 말하기,[241] 그리고 기도에 의해 할 수 있습니다.[242]

241) 시 1:2… "오직 여호와의 율법을 즐거워하여 그의 율법을 주야로 묵상하는 도다…"
시 119:9-11,15,16,107 "9-11. 청년이 무엇으로 그의 행실을 깨끗하게 하리이까 주의 말씀만 지킬 따름이니이다 내가 전심으로 주를 찾았사오니 주의 계명에서 떠나지 말게 하소서 내가 주께 범죄하지 아니하려 하여 주의 말씀을 내 마음에 두었나이다 15-16. 내가 주의 법도들을 작은 소리로 읊조리며 주의 길들에 주의하며 주의 율례들을 즐거워하며 주의 말씀을 잊지 아니하리이다 107. 나의 고난이 매우 심하오니 여호와여 주의 말씀대로 나를 살아나게 하소서"
242) 시 30:10 "여호와여 들으시고 내게 은혜를 베푸소서 여호와여 나를 돕는 자가 되소서 하였나이다"

194. 율법의 목적은 무엇입니까?

답. 우리를 그리스도께로 인도하는 것입니다.[243]

243) 롬 7:4 "그러므로 내 형제들아 너희도 그리스도의 몸으로 말미암아 율법에

대하여 죽임을 당하였으니 이는 다른 이 곧 죽은 자 가운데서 살아나신 이에게 가서 우리가 하나님을 위하여 열매를 맺게 하려 함이라"

갈 2:19 "내가 율법으로 말미암아 율법에 대하여 죽었나니 이는 하나님에 대하여 살려 함이라"

갈 5:24 "그리스도 예수의 사람들은 육체와 함께 그 정욕과 탐심을 십자가에 못 박았느니라"

Ⅲ.
사도신경을 해석하는
네 번째 교리문답

01. 사도신경(the Creed)은 우리에게 무엇을 가르칩니까?

답. 우리가 믿어야 하는 것을 가르칩니다.[244]

> 244) 딤후 1:13 "너는 그리스도 예수 안에 있는 믿음과 사랑으로써 내게 들은 바
> 바른 말을 본받아 지키고"

02. 우리 사도신경에는 얼마나 많은 조항들이 있습니까?

답. 열두 조항입니다.

03. 그것들은 몇 부분으로 나뉩니까?

답. 두 부분으로 나뉩니다.

04. 첫 부분은 누구에 관하여 우리가 믿어야 할 것을 우리에게 가르칩니까?

답. 하나님에 관하여 가르칩니다.

05. 두 번째 부분은 누구에 관하여 가르칩니까?

답. 하나님의 교회에 관한 것입니다.

06. 하나님에 관하여는 얼마나 많은 조항이 있습니까?

답. 여덟 조항들이 있습니다.

07. 그의 교회에 관하여는 얼마나 많이 있습니까?

답. 네 조항들이 있습니다.

08. 하나님께 관련이 되는 그 여덟 조항들은 어떻게 나뉩니까?

답. 세 부분으로 나뉩니다.

09. 첫째 부분은 누구에게 관계가 있습니까?

답. 성부 하나님께 관계가 있습니다.

10. 둘째 부분은 누구에게 관계가 있습니까?

답. 성자 하나님께 관계가 있습니다.

11. 셋째 부분은 누구에게 관계가 있습니까?

답. 성령 하나님께 관계가 있습니다.

12. 성부 하나님에 관하여는 얼마나 많은 조항들이 있습니까?

답. 하나, 오직 하나의 조항이 있습니다.

13. 그것을 암송해 보시겠습니까?

답. "전능하사[245] 천지를 만드신 하나님 아버지를 내가 믿사오며"[246]

> 245) 창 17:1 "아브람이 구십구 세 때에 여호와께서 아브람에게 나타나서 그에게 이르시되 나는 전능한 하나님이라 너는 내 앞에서 행하여 완전하라"
> 요 10:25 "그들을 주신 내 아버지는 만물보다 크시매 아무도 아버지 손에서 빼앗을 수 없느니라"
> 246) 히 11:6 "믿음이 없이는 하나님을 기쁘시게 하지 못하나니 하나님께 나아가는 자는 반드시 그가 계신 것과 또한 그가 자기를 찾는 자들에게 상 주시는 이심을 믿어야 할지니라

14. 그 조항은 무엇이라 불립니까?

답. 하나님의 섭리에 대한 조항으로 불립니다.[247]

> 247) 창 1:1 "태초에 하나님이 천지를 창조하시니라"

15. 왜 당신은, '내가 그를 믿습니다.'라고 말합니까?

답. 나는 신뢰와 확신을 그에게 두며, 그에 의해 구원받을 것을 소망하기 때문입니다.[248]

> 248) 시 62:8 "백성들아 시시로 그를 의지하고 그의 앞에 마음을 토하라 하나님은 우리의 피난처시로다 (셀라)"

16. 당신이 믿는 것은 무엇입니까?

답. 그가 하늘과 땅 양자를 지으셨으므로, 전능하신, 성부 하나님이 계시다는 것을 믿습니다.

17. 이 조항은 얼마나 많은 부분을 갖습니까?

답. 두 부분입니다.

18. 첫째 부분은 무엇입니까?

답. 그것으로 인하여 우리는 하나님께서 만물을 지으셨다는 것을 믿습니다.[249]

249) 히 11:3 "믿음으로 모든 세계가 하나님의 말씀으로 지어진 줄을 우리가 아나니 보이는 것은 나타난 것으로 말미암아 된 것이 아니니라"

19. 둘째 부분은 무엇입니까?

답. 그것으로 인하여 우리는 그가 만물을 보존하시고 통치하신다는 것을 믿습니다.[250]

250) 롬 11:36 "이는 만물이 주에게서 나오고 주로 말미암고 주에게로 돌아감이라 그에게 영광이 세세에 있을지어다 아멘"
시 119:91 "천지가 주의 규례들대로 오늘까지 있음은 만물이 주의 종이 된 까닭이니이다"
요 5:17 "예수께서 그들에게 이르시되 내 아버지께서 이제까지 일하시니 나도 일한다 하시매"
행 17:25 "또 무엇이 부족한 것처럼 사람의 손으로 섬김을 받으시는 것이 아니니 이는 만민에게 생명과 호흡과 만물을 친히 주시는 이심이라"

20. 하나님께서 지으신 것들, 그것들은 얼마나 많은 종류로 있습니까?

답. 두 종류가 있습니다.

21. 그것들은 어떤 것입니까?

답. 보이는 것과 보이지 않는 것입니다.[251]

> 251) 골 1:16 "만물이 그에게서 창조되되 하늘과 땅에서 보이는 것들과 보이지 않는 것들과 혹은 왕권들이나 주권들이나 통치자들이나 권세들이나 만물이 다 그로 말미암고 그를 위하여 창조되었고"

22. 보이는 피조물들은 무엇입니까?

답. 형체를 가지고 있는 모든 부류들처럼, 볼 수 있는 것들입니다.[252]

> 252) 시 8:3 "주의 손가락으로 만드신 주의 하늘과 주께서 베풀어 두신 달과 별들을 내가 보오니"

23. 보이지 않는 피조물들은 무엇입니까?

답. 천사들과 인간의 영혼들처럼, 볼 수 없는 것들입니다.[253]

> 253) 창 1:1 "태초에 하나님이 천지를 창조하시니라"
> 요 1:3 "만물이 그로 말미암아 지은 바 되었으니 지은 것이 하나도 그가 없이는 된 것이 없느니라"
> 시 33:6 "여호와의 말씀으로 하늘이 지음이 되었으며 그 만상을 그의 입 기운으로 이루었도다"

24. 천사들은 얼마나 많은 부류가 있습니까?

답. 선하고 악한,[254] 두 부류로 있습니다.

> 254) 유 1:6 "또 자기 지위를 지키지 아니하고 자기 처소를 떠난 천사들을 큰 날의 심판까지 영원한 결박으로 흑암에 가두셨으며"

25. 나쁜 천사들은 뭐라 불립니까?

답. 마귀들이라 불립니다.

26. 마귀들은 하나님께서 지으셨습니까?

답. 예,[255] 하나님께서 마귀들을 지으셨지만, 그가 그들을 마귀들로 만들지 않으셨습니다. 하나님은 그들을 빛의 천사들로 지으셨고, 그들이 죄에 의해 자신들을 마귀들로 만들었습니다.

255) 유 1:6 "또 자기 지위를 지키지 아니하고 자기 처소를 떠난 천사들을 큰 날의 심판까지 영원한 결박으로 흑암에 가두셨으며"

27. 성자 하나님에 관하여 얼마나 많은 조항들이 있습니까?

답. 여섯 조항입니다.

28. 그것들은 얼마나 많은 부분으로 나뉩니까?

답. 두 부분입니다.

29. 첫 번째 부분은 무엇에 관한 것입니까?

답. 그의 '위격'(person)에 관한 것입니다.

30. 두 번째 부분은 무엇에 관한 것입니까?

답. 그의 '직무'(office)에 관한 것입니다.

31. 예수 그리스도의 위격은 어떤 것입니까?

답. 하나님과 사람, 두 본성으로 이루어지는, 그러한 한 위격입니다.[256]

> 256) 요 1:14 "말씀이 육신이 되어 우리 가운데 거하시매 우리가 그의 영광을 보니 아버지의 독생자의 영광이요 은혜와 진리가 충만하더라"
> 행 20:28 "여러분은 자기를 위하여 또는 온 양 떼를 위하여 삼가라 성령이 그들 가운데 여러분을 감독자로 삼고 하나님이 자기 피로 사신 교회를 보살피게 하셨느니라"

32. 우리 주 예수 그리스도의 위격에 관하여는 얼마나 많은 조항이 있습니까?

답. 그가 두 본성, 곧 하나님과 사람으로 이루어지듯이, 두 조항이 있습니다.

33. 그의 신성에 관한 조항을 암송해 보시겠습니까?

답. "그의 외아들[257] 우리 주 예수 그리스도를 믿사오니"[258]

> 257) 요 1:14 "말씀이 육신이 되어 우리 가운데 거하시매 우리가 그의 영광을 보니 아버지의 독생자의 영광이요 은혜와 진리가 충만하더라"
> 258) 요 9:35 "예수께서 그들이 그 사람을 쫓아냈다 하는 말을 들으셨더니 그를 만나사 이르시되 네가 인자를 믿느냐"
> 요 17:3 "영생은 곧 유일하신 참 하나님과 그가 보내신 자 예수 그리스도를 아는 것이니이다"

34. 왜 당신은, 나는 그를 믿습니다, 라고 말합니까?

답. 나는 신뢰와 확신을 그분께 두며, 그분에 의해서 구원받기를 소망하기 때문입니다.[259]

> 259) 요 3:16 "하나님이 세상을 이처럼 사랑하사 독생자를 주셨으니 이는 그를 믿

는 자마다 멸망하지 않고 영생을 얻게 하려 하심이라"

요 14:6 "예수께서 이르시되 내가 곧 길이요 진리요 생명이니 나로 말미암지 않고는 아버지께로 올 자가 없느니라"

35. 여기에서 당신이 믿는 것은 무엇입니까?

답. 성자 하나님께서 계시다는 것과, 우리가 복음서에서 읽는 나사렛 예수께서 그 분이시라는 것입니다.[260]

260) 행 2:36 "그런즉 이스라엘 온 집은 확실히 알지니 너희가 십자가에 못 박은 이 예수를 하나님이 주와 그리스도가 되게 하셨느니라 하니라"

요 20:28 "도마가 대답하여 이르되 나의 주님이시요 나의 하나님이시니이다"

36. 우리들도 역시 하나님의 아들들이 아닙니까?

답. 그렇습니다.[261]

261) 요 1:12 "영접하는 자 곧 그 이름을 믿는 자들에게는 하나님의 자녀가 되는 권세를 주셨으니"

37. 그렇다면 왜 그가 하나님의 유일한 아들(the only son)이라고 말합니까?

답. 그는 본래(by nature), 그리고 위격적인 연합에 의해 하나님의 아들이십니다.[262] 우리는 은혜에 의해, 그리고 양자됨에 의해 하나님의 아들들입니다.[263]

262) 요 10:30 "나와 아버지는 하나이니라 하신대"

요 1:14 "말씀이 육신이 되어 우리 가운데 거하시매 우리가 그의 영광을 보니 아버지의 독생자의 영광이요 은혜와 진리가 충만하더라"

263) 요 1:12 "영접하는 자 곧 그 이름을 믿는 자들에게는 하나님의 자녀가 되는

권세를 주셨으니"

롬 8:15 "너희는 다시 무서워하는 종의 영을 받지 아니하고 양자의 영을 받았으므로 우리가 아빠 아버지라고 부르짖느니라"

갈 3:26 "너희가 다 믿음으로 말미암아 그리스도 예수 안에서 하나님의 아들이 되었으니"

38. 그분의 인성에 관한 조항을 암송해 보시겠습니까?

답. "이는 성령으로 잉태하사,²⁶⁴⁾ 동정녀 마리아에게 나시고"²⁶⁵⁾

264) 마 1:20 "이 일을 생각할 때에 주의 사자가 현몽하여 이르되 다윗의 자손 요셉아 네 아내 마리아 데려오기를 무서워하지 말라 그에게 잉태된 자는 성령으로 된 것이라"

265) 마 1:25 "아들을 낳기까지 동침하지 아니하더니 낳으매 이름을 예수라 하니라"

39. 당신이 이 조항에서 믿는 것은 무엇입니까?

답. 이 하나님의 아들이 놀라운 방식으로²⁶⁶⁾ 사람이 되셨다는 것입니다.²⁶⁷⁾

266) 딤전 3:16 "크도다 경건의 비밀이여, 그렇지 않다 하는 이 없도다 그는 육신으로 나타난 바 되시고 영으로 의롭다 하심을 받으시고 천사들에게 보이시고 만국에서 전파되시고 세상에서 믿은 바 되시고 영광 가운데서 올려지셨느니라"

267) 요 1:14 "말씀이 육신이 되어 우리 가운데 거하시매 우리가 그의 영광을 보니 아버지의 독생자의 영광이요 은혜와 진리가 충만하더라"

딤후 2:5 "하나님은 한 분이시요 또 하나님과 사람 사이에 중보자도 한 분이시니 곧 사람이신 그리스도 예수라"

사 9:6 "이는 한 아기가 우리에게 났고 한 아들을 우리에게 주신 바 되었는데 그의 어깨에는 정사를 메었고 그의 이름은 기묘자라, 모사라, 전능하신 하나님이라, 영존하시는 아버지라, 평강의 왕이라 할 것임이라"

40. 당신은 그가 사람이 되셨다는 것을 어떻게 증명합니까?

답. 그가 여자에게서 태어나셨기 때문입니다.

41. 얼마나 놀라운 방식을 따라 태어 나셨습니까?

답. 두 가지 이유 때문입니다.

42. 첫째는 무엇입니까?

답. 그가 성령에 의해서 잉태되셨기 때문입니다.

43. 둘째는 무엇입니까?

답. 그가 동정녀에게서 태어나셨기 때문입니다.[268]

268) 사 7:14 "그러므로 주께서 친히 징조를 너희에게 주실 것이라 보라 처녀가 잉태하여 아들을 낳을 것이요 그의 이름을 임마누엘이라 하리라"

44. 그는 왜 이와 같이 잉태되어 태어나셨습니까?

답. 죄가 없어야 하기 때문입니다.[269]

269) 히 4:15 "우리에게 있는 대제사장은 우리의 연약함을 동정하지 못하실 이가 아니요 모든 일에 우리와 똑같이 시험을 받으신 이로되 죄는 없으시니라"

45. 그분은 왜 죄가 없어야 합니까?

답. 죄인들을 구원하시기 위해서입니다.[270]

270) 히 7:26 "이러한 대제사장은 우리에게 합당하니 거룩하고 악이 없고 더러움
이 없고 죄인에게서 떠나 계시고 하늘보다 높이 되신 이라"

46. 그의 직무에 얼마나 많은 조항들이 있습니까?

답. 네 조항입니다.

47. 그리스도의 직무는 무엇입니까?

답. 구세주의 직무입니다.[271]

271) 마 1:21 "아들을 낳으리니 이름을 예수라 하라 이는 그가 자기 백성을 그들
의 죄에서 구원할 자이심이라 하니라"

48. 구세주의 직무는 얼마나 많은 부분을 가집니까?

답. 두 부분입니다.

49. 첫째는 무엇입니까?

답. 우리를 위해서 죽으시는 것입니다.[272]

272) 히 7:27 "그는 저 대제사장들이 먼저 자기 죄를 위하고 다음에 백성의 죄를
위하여 날마다 제사 드리는 것과 같이 할 필요가 없으니 이는 그가 단번에 자기를
드려 이루셨음이라"
히 9:22 "율법을 따라 거의 모든 물건이 피로써 정결하게 되나니 피흘림이 없은즉
사함이 없느니라"

50. 둘째는 무엇입니까?

답. 우리를 위해서 사망을 이기시는 것입니다.[273)]

> 273) 고전 15:3,4,14 "3-4. 내가 받은 것을 먼저 너희에게 전하였노니 이는 성경대로 그리스도께서 우리 죄를 위하여 죽으시고 장사 지낸 바 되셨다가 성경대로 사흘 만에 다시 살아나사 14. 그리스도께서 만일 다시 살아나지 못하셨으면 우리가 전파하는 것도 헛것이요 또 너희 믿음도 헛것이며"

51. 우리를 위한 그의 죽으심에 관하여 얼마나 많은 조항이 있습니까?

답. 한 조항, 오직 한 조항이 있습니다.

52. 그것을 암송해 보시겠습니까?

답. "본디오 빌라도에게 고난을 받으사,[274)] 십자가에 못 박혀[275)] 죽으시고,[276)] 장사되어,[277)] 지옥에 내려가셨습니다."[278)]

> 274) 행 4:27 "과연 헤롯과 본디오 빌라도는 이방인과 이스라엘 백성과 합세하여 하나님께서 기름 부으신 거룩한 종 예수를 거슬러"
> 275) 행 2:36 "그런즉 이스라엘 온 집은 확실히 알지니 너희가 십자가에 못 박은 이 예수를 하나님이 주와 그리스도가 되게 하셨느니라 하니라"
> 276) 요 19:30 "예수께서 신 포도주를 받으신 후에 이르시되 다 이루었다 하시고 머리를 숙이니 영혼이 떠나가시니라"
> 277) 요 19:40,41 "이에 예수의 시체를 가져다가 유대인의 장례 법대로 그 향품과 함께 세마포로 쌌더라 예수께서 십자가에 못 박히신 곳에 동산이 있고 동산 안에 아직 사람을 장사한 일이 없는 새 무덤이 있는지라"
> 278) 엡 4:9 "올라가셨다 하였은즉 땅 아래 낮은 곳으로 내리셨던 것이 아니면 무엇이냐"

53. 그는 어떤 일을 겪으셨습니까?

답. 죽음을 겪으셨습니다.

54. 그는 어떤 죽음을 겪으셨습니까?

답. 십자가의 죽음입니다.

55. 그것은 어떤 죽음이었습니까?

답. 고통(the rack)에 의해 죽음에 처해지는 것입니다.[279)]

279) 시 22:14,17 "14. 나는 물 같이 쏟아졌으며 내 모든 뼈는 어그러졌으며 내 마음은 밀랍 같아서 내 속에서 녹았으며 17. 내가 내 모든 뼈를 셀 수 있나이다 그들이 나를 주목하여 보고"

56. 그는 누구에 의해 고난을 당하셨습니까?

답. 본디오 빌라도에 의해 고난을 당하셨습니다.

57. 그는 어떤 사람이었습니까?

답. 그에게 사형을 선고한 로마의 재판관입니다.

58. 죽음을 이긴 그의 승리에 관해서 얼마나 많은 조항이 있습니까?

답. 세 단계에 의해 그가 죽음을 이긴 것처럼, 세 조항입니다.

59. 그것들은 무엇이라 불립니까?

답. 전자, 그의 낮아지심(비하)에 대한 조항들과 같이, 그의 높아지심(승귀)의
조항들로 불립니다.[280]

280) 빌 2:8 "사람의 모양으로 나타나사 자기를 낮추시고 죽기까지 복종하셨으니
곧 십자가에 죽으심이라"

60. 첫째 조항을 암송해 보시겠습니까?

답. "사흘 만에 죽은 자 가운데서 다시 살아나시며"[281]

281) 고전 15:4 "장사 지낸 바 되셨다가 성경대로 사흘 만에 다시 살아나사"

61. 이것은 어떤 조항입니까?

답. 그의 부활에 관한 조항입니다.

62. 왜 셋째 날입니까?

답. 그가 썩음을 보지 않으실 것이라는, 그에 대한 예언이 있었기 때문입니
다.[282]

282) 행 2:27 "이는 내 영혼을 음부에 버리지 아니하시며 주의 거룩한 자로 썩음
을 당하지 않게 하실 것임이로다"
요 11:39 "예수께서 이르시되 돌을 옮겨 놓으라 하시니 그 죽은 자의 누이 마르다
가 이르되 주여 죽은 지가 나흘이 되었으매 벌써 냄새가 나나이다"

63. 두 번째 조항은 무엇입니까?

답. 그의 승천에 대한 조항입니다.

64. 그것을 암송해 보시겠습니까?

답. "하늘에 오르사,[283] 전능하신 하나님 우편에 앉아 계시다가."[284]

> 283) 행 1:9 "이 말씀을 마치시고 그들이 보는데 올려져 가시니 구름이 그를 가리어 보이지 않게 하더라"
> 히 9:24 "그리스도께서는 참 것의 그림자인 손으로 만든 성소에 들어가지 아니하시고 바로 그 하늘에 들어가사 이제 우리를 위하여 하나님 앞에 나타나시고"
> 284) 히 1:13 "어느 때에 천사 중 누구에게 내가 네 원수로 네 발등상이 되게 하기까지 너는 내 우편에 앉아 있으라 하셨느냐"

65. 그분은 어디로 올라가셨습니까?

답. 하나님의 우편으로 올라가셨습니다.

66. 우리가 가지고 있는 것처럼, 적절한 말로, 하나님께서 오른손이나 왼손을 가지셨습니까?

답. 아닙니다.[285]

> 285) 요 4:24 "하나님은 영이시니 예배하는 자가 영과 진리로 예배할지니라"
> 눅 24:39 "내 손과 발을 보고 나인 줄 알라 또 나를 만져 보라 영은 살과 뼈가 없으되 너희 보는 바와 같이 나는 있느니라"

67. 그렇다면 그것은 어떤 말입니까?

답. 비유적인 말입니다.

68. 그렇다면 그것은 어떤 의미입니까?

답. 두 가지입니다.

69. 그것들은 무엇입니까?

답. 첫째로는 하나님께서 그에게 주신 명예이고,[286] 둘째로는 하나님께서 그에게 주신 권세입니다.[287]

286) 히 1:3 "이는 하나님의 영광의 광채시요 그 본체의 형상이시라 그의 능력의 말씀으로 만물을 붙드시며 죄를 정결하게 하는 일을 하시고 높은 곳에 계신 지극히 크신 이의 우편에 앉으셨느니라"
287) 마 28:18 "예수께서 나아와 말씀하여 이르시되 하늘과 땅의 모든 권세를 내게 주셨으니"

70. "그가 앉으셨다"에서 앉음은 엄밀한 말입니까, 아니면 비유적인 말입니까?

답. 비유적인 말입니다.[288]

288) 행 7:56 "말하되 보라 하늘이 열리고 인자가 하나님 우편에 서신 것을 보노라 한대"

71. 그것은 어떤 의미입니까?

답. 두 가지입니다.

72. 그것들은 무엇입니까?

답. 첫째로는 우리의 구속의 역사들이 완성된다는 것을 보여주고,[289] 둘째로는 그의 지위(state)나 위엄을 나타내는 것입니다.[290]

289) 히 10:12 "오직 그리스도는 죄를 위하여 한 영원한 제사를 드리시고 하나님 우편에 앉으사"

290) 히 1:3 "이는 하나님의 영광의 광채시요 그 본체의 형상이시라 그의 능력의 말씀으로 만물을 붙드시며 죄를 정결하게 하는 일을 하시고 높은 곳에 계신 지극히 크신 이의 우편에 앉으셨느니라"

히 4:13 "지으신 것이 하나도 그 앞에 나타나지 않음이 없고 우리의 결산을 받으실 이의 눈 앞에 만물이 벌거벗은 것 같이 드러나느니라"

73. 세 번째 조항은 무엇입니까?

답. 심판을 위하여 그가 다시 오시는 것에 대한 조항입니다.

74. 그것을 암송해 보시겠습니까?

답. "저리로서 산자와 죽은 자를 심판하러 오시리라."[291]

291) 요 5:22,27 "22. 아버지께서 아무도 심판하지 아니하시고 심판을 다 아들에게 맡기셨으니 27. 또 인자됨으로 말미암아 심판하는 권한을 주셨느니라"

행 1:11 "이르되 갈릴리 사람들아 어찌하여 서서 하늘을 쳐다보느냐 너희 가운데서 하늘로 올려지신 이 예수는 하늘로 가심을 본 그대로 오시리라 하였느니라"

살후 1:8 "하나님을 모르는 자들과 우리 주 예수의 복음에 복종하지 않는 자들에게 형벌을 내리시리니"

75. 산 자들이란 어떤 의미입니까?

답. 그 날에 살아서 발견될 자들입니다.[292]

> 292) 고전 15:51 "보라 내가 너희에게 비밀을 말하노니 우리가 다 잠 잘 것이 아니요 마지막 나팔에 순식간에 홀연히 다 변화되리니"
> 살전 4:17 "그 후에 우리 살아 남은 자들도 그들과 함께 구름 속으로 끌어 올려 공중에서 주를 영접하게 하시리니 그리하여 우리가 항상 주와 함께 있으리라"

76. 죽은 자들이란 어떤 의미입니까?

답. 세상의 시작으로부터 이생을 떠난 모든 자들입니다.[293]

> 293) 계 20:13 "바다가 그 가운데에서 죽은 자들을 내주고 또 사망과 음부도 그 가운데에서 죽은 자들을 내주매 각 사람이 자기의 행위대로 심판을 받고"
> 고전 15:32 "내가 사람의 방법으로 에베소에서 맹수와 더불어 싸웠다면 내게 무슨 유익이 있으리요 죽은 자가 다시 살아나지 못한다면 내일 죽을 터이니 먹고 마시자 하리라"

77. 성령 하나님에 관하여는 얼마나 많은 조항들이 있습니까?

답. 한 조항, 오직 한 조항입니다.

78. 그것을 암송해 보시겠습니까?

답. "성령을 믿사오며"[294]

> 294) 마 28:19 "그러므로 너희는 가서 모든 민족을 제자로 삼아 아버지와 아들과

성령의 이름으로 세례를 베풀고"

79. 당신은 왜, '나는 성령을 믿습니다'라고 말합니까?

답. 나는 성령께 신뢰와 확신을 두며, 그에 의해 구원받기를 소망하기 때문입니다.[295]

295) 요 14:16,17 "내가 아버지께 구하겠으니 그가 또 다른 보혜사를 너희에게 주사 영원토록 너희와 함께 있게 하리니 그는 진리의 영이라 세상은 능히 그를 받지 못하나니 이는 그를 보지도 못하고 알지도 못함이라 그러나 너희는 그를 아나니 그는 너희와 함께 거하심이요 또 너희 속에 계시겠음이라"

고전 2:10 "오직 하나님이 성령으로 이것을 우리에게 보이셨으니 성령은 모든 것 곧 하나님의 깊은 것까지도 통달하시느니라"

80. 당신이 믿는 바는 무엇입니까?

답. 또한 성령 하나님이 계신다는 것입니다.[296]

296) 고전 2:11 "사람의 일을 사람의 속에 있는 영 외에 누가 알리요 이와 같이 하나님의 일도 하나님의 영 외에는 아무도 알지 못하느니라"

시 139:2 "주께서 내가 앉고 일어섬을 아시고 멀리서도 나의 생각을 밝히 아시오며"

고전 12:11 "이 모든 일은 같은 한 성령이 행하사 그의 뜻대로 각 사람에게 나누어 주시는 것이니라"

81. 이들은 세 하나님이십니까?

답. 아닙니다. 비록 세 위격들일지라도, 오직 한 하나님이십니다.[297]

297) 요일 5:7 "증언하는 이가 셋이니 (For there are three that bear record in heaven, the Father, the Word, and the Holy Ghost: and these three are one)"

82. 하나님의 교회에 대해서는 얼마나 많은 조항들이 있습니까?

답. 네 가지 조항입니다.

83. 그것들은 얼마나 많은 부분으로 나뉩니까?

답. 두 부분으로 나뉩니다.

84. 첫 부분은 무엇에 관한 것입니까?

답. 교회의 존재(being)에 관한 것입니다.

85. 두 번째 부분은 무엇에 관한 것입니까?

답. 예수 그리스도에 의해 이 교회가 획득한 유익들에 관한 것입니다.

86. 교회의 존재에 대해서는 얼마나 많은 조항이 있습니까?

답. 한 조항, 오직 한 조항입니다.

87. 그것을 암송해 보시겠습니까?

답. "거룩한 공회와[298] 성도가 서로 교통하는 것을[299] 믿습니다."

298) 딤전 3:15 "만일 내가 지체하면 너로 하여금 하나님의 집에서 어떻게 행하여야 할지를 알게 하려 함이니 이 집은 살아 계신 하나님의 교회요 진리의 기둥과 터니라"
299) 고전 12:12 "몸은 하나인데 많은 지체가 있고 몸의 지체가 많으나 한 몸임과 같이 그리스도도 그러하니라"

88. 당신은 왜, '나는 교회가 있음을 믿는다'면서, '나는 교회를 믿는다'고는 말하지 않습니까?[300]

답. 우리는 교회(a Church)가 있다고 믿지만, 우리는 교회를 믿지 않고 (believe not in the Church), 하나님을 믿습니다(believe in God). 기껏 해야 교회는 사람들의 무리(a company)일 뿐입니다.[301]

300) why do you say I believe the church, and not in the church?
301) 시 61:9 "아, 슬프도다 사람은 입김이며 인생도 속임수이니 저울에 달면 그들은 입김보다 가벼우리로다"
고전 1:13 "그리스도께서 어찌 나뉘었느냐 바울이 너희를 위하여 십자가에 못 박혔으며 바울의 이름으로 너희가 세례를 받았느냐"

89. 교회란 무엇입니까?

답. 하나님의 자녀들의 무리입니다.[302]

302) 시 82:6 "내가 말하기를 너희는 신들이며 다 지존자의 아들들이라 하였으나"
히 2:10 "그러므로 만물이 그를 위하고 또한 그로 말미암은 이가 많은 아들들을 이끌어 영광에 들어가게 하시는 일에 그들의 구원의 창시자를 고난을 통하여 온전하게 하심이 합당하도다"
갈 3:26 "너희가 다 믿음으로 말미암아 그리스도 예수 안에서 하나님의 아들이 되었으니"

90. 거기에는 얼마나 많은 종류의 교회들이 있습니까?

답. 두 종류입니다.

91. 그것들은 무엇입니까?

답. '승리하는(Triumphant) 교회'와 '전투하는(militant) 교회'입니다.[303]

> 303) 계 6:15 "땅의 임금들과 왕족들과 장군들과 부자들과 강한 자들과 모든 종과 자유인이 굴과 산들의 바위 틈에 숨어"
> 계 3:21 "이기는 그에게는 내가 내 보좌에 함께 앉게 하여 주기를 내가 이기고 아버지 보좌에 함께 앉은 것과 같이 하리라"

92. '승리하는 교회'란 무엇입니까?

답. 하늘에 있는 하나님의 자녀들의 무리입니다.[304]

> 304) 히 12:23 "하늘에 기록된 장자들의 모임과 교회와 만민의 심판자이신 하나님과 및 온전하게 된 의인의 영들과"

93. 왜 그렇게 불립니까?

답. 그들은 모든 위험으로부터 벗어나 있고, 그래서 승리하기 때문입니다.[305]

> 305) 계 21:4 "모든 눈물을 그 눈에서 닦아 주시니 다시는 사망이 없고 애통하는 것이나 곡하는 것이나 아픈 것이 다시 있지 아니하리니 처음 것들이 다 지나갔음이러라"

94. '전투하는 교회'란 무엇입니까?

답. 현세에 지상에 있는 하나님의 자녀들의 무리입니다.

95. 그들은 왜 이와 같이 불립니까?

답. 그들이 세상, 육체와 마귀에 대항해서 주님의 전쟁을 벌이기 때문입니다.[306]

> 306) 딤후 2:3 "너는 그리스도 예수의 좋은 병사로 나와 함께 고난을 받으라"
> 엡 6:12 "우리의 씨름은 혈과 육을 상대하는 것이 아니요 통치자들과 권세들과 이 어둠의 세상 주관자들과 하늘에 있는 악의 영들을 상대함이라"
> 요 16:33 "이것을 너희에게 이르는 것은 너희로 내 안에서 평안을 누리게 하려 함이라 세상에서는 너희가 환난을 당하나 담대하라 내가 세상을 이기었노라"

96. 여기에서 어떤 교회가 의미됩니까?

답. '전투하는 교회'입니다.

97. 당신은 여기서 무엇을 배웁니까?

답. 하나님께서는 하나의 교회를 소유하고 계시며, 세상 끝까지 소유하실 것을 배웁니다.[307]

> 307) 마 6:18 "이것을 너희에게 이르는 것은 너희로 내 안에서 평안을 누리게 하려 함이라 세상에서는 너희가 환난을 당하나 담대하라 내가 세상을 이기었노라"
> 마 28:20 "내가 너희에게 분부한 모든 것을 가르쳐 지키게 하라 볼지어다 내가 세상 끝날까지 너희와 항상 함께 있으리라 하시니라"
> 히 1:8 "아들에 관하여는 하나님이여 주의 보좌는 영영하며 주의 나라의 규는 공평한 규이니이다"

98. 이 교회에 얼마나 많은 속성들이 속합니까?

답. 세 가지 속성입니다.

99. 그것들은 무엇입니까?

답. 첫째로, 그것은 '거룩'(holy)합니다.[308] 둘째로, 그것은 '보편적'(Catholic)입니다.[309] 셋째로, 그 지체들 사이에 '교통'(교제, communion)을 가집니다.[310]

308) 사 4:3 "시온에 남아 있는 자, 예루살렘에 머물러 있는 자 곧 예루살렘 안에 생존한 자 중 기록된 모든 사람은 거룩하다 칭함을 얻으리니"
벧전 1:2 "시온에 남아 있는 자, 예루살렘에 머물러 있는 자 곧 예루살렘 안에 생존한 자 중 기록된 모든 사람은 거룩하다 칭함을 얻으리니"
309) 요 4:21 "예수께서 이르시되 여자여 내 말을 믿으라 이 산에서도 말고 예루살렘에서도 말고 너희가 아버지께 예배할 때가 이르리라"
갈 3:28 "너희는 유대인이나 헬라인이나 종이나 자유인이나 남자나 여자나 다 그리스도 예수 안에서 하나이니라"
행 10:35 "각 나라 중 하나님을 경외하며 의를 행하는 사람은 다 받으시는 줄 깨달았도다"
310) 갈 3:28 "너희는 유대인이나 헬라인이나 종이나 자유인이나 남자나 여자나 다 그리스도 예수 안에서 하나이니라"
고전 12:12 "몸은 하나인데 많은 지체가 있고 몸의 지체가 많으나 한 몸임과 같이 그리스도도 그러하니라"

100. 거룩함, 그것은 얼마나 많은 종류로 있습니까?

답. 두 종류로 있습니다.

101. 그것들은 무엇입니까?

답. 믿음의 거룩함과[311] 삶의 거룩함입니다.[312]

311) 롬 4:7 "불법이 사함을 받고 죄가 가리어짐을 받는 사람들은 복이 있고"
계 7:14 "내가 말하기를 내 주여 당신이 아시나이다 하니 그가 나에게 이르되 이는 큰 환난에서 나오는 자들인데 어린 양의 피에 그 옷을 씻어 희게 하였느니라"
312) 고전 1:30 "너희는 하나님으로부터 나서 그리스도 예수 안에 있고 예수는
하나님으로부터 나와서 우리에게 지혜와 의로움과 거룩함과 구원함이 되셨으니"

102. 믿음의 거룩함, 그것은 달리 무엇이라 불립니까?

답. 우리의 '칭의'(Justification)입니다.[313]

313) 롬 5:1 "그러므로 우리가 믿음으로 의롭다 하심을 받았으니 우리 주 예수
그리스도로 말미암아 하나님과 화평을 누리자"

103. 삶의 거룩함, 그것은 달리 무엇이라고 불립니까?

답. 우리의 '성화'(sanctification)입니다.[314]

314) 고전 1:30 "너희는 하나님으로부터 나서 그리스도 예수 안에 있고 예수는
하나님으로부터 나와서 우리에게 지혜와 의로움과 거룩함과 구원함이 되셨으니"

104. 믿음의 거룩함은 완전합니까, 아니면 불완전합니까?

답. 완전한 거룩함입니다.[315]

315) 골 2:10 "너희도 그 안에서 충만하여졌으니 그는 모든 통치자와 권세의 머
리시라"

105. 어떻게 그러합니까?

답. 믿음의 대상과 관련해서 완전합니다.

106. 그 대상은 무엇입니까?

답. 그리스도와 그의 의입니다.[316]

> 316) 갈 3:27 "누구든지 그리스도와 합하기 위하여 세례를 받은 자는 그리스도
> 로 옷 입었느니라"
> 빌 3:9 "그 안에서 발견되려 함이니 내가 가진 의는 율법에서 난 것이 아니요 오
> 직 그리스도를 믿음으로 말미암은 것이니 곧 믿음으로 하나님께로부터 난 의라"

107. 삶의 거룩함은 완전합니까, 아니면 불완전합니까?

답. 불완전합니다.

108. 삶의 거룩함은 얼마나 많은 종류로 있습니까?

답. 두 종류로 있습니다.

109. 그것들은 어떤 것입니까?

답. 율법(the Law)에 따른 율법적인(legal) 거룩함, 또는 복음(the Gospel)에
따른 복음적인(Evangelical) 거룩함입니다.

110. 율법적인(legal) 거룩함은 무엇입니까?

답. 죄 없이 존재하는 것입니다.[317]

> 317) 롬 7:12-14 "이로 보건대 율법은 거룩하고 계명도 거룩하고 의로우며 선
> 하도다 그런즉 선한 것이 내게 사망이 되었느냐 그럴 수 없느니라 오직 죄가 죄
> 로 드러나기 위하여 선한 그것으로 말미암아 나를 죽게 만들었으니 이는 계명으
> 로 말미암아 죄로 심히 죄 되게 하려 함이라 우리가 율법은 신령한 줄 알거니와

나는 육신에 속하여 죄 아래에 팔렸도다"

111. 이 거룩함이 하나님의 교회에 요구됩니까?

답. 아닙니다.[318]

318) 약 3:2 "우리가 다 실수가 많으니 만일 말에 실수가 없는 자라면 곧 온전한 사람이라 능히 온 몸도 굴레 씌우리라"

112. 복음적인 거룩함은 무엇입니까?

답. 우리의 죄들을 고백하는 것, 그것들을 미워하는 것, 그리고 우리의 삶을 고치는 것입니다.[319]

319) 마 4:17 "이 때부터 예수께서 비로소 전파하여 이르시되 회개하라 천국이 가까이 왔느니라 하시더라"
롬 7:16 "만일 내가 원하지 아니하는 그것을 행하면 내가 이로써 율법이 선한 것을 시인하노니"

113. 그것이 하나님의 교회에 요구됩니까?

답. 그렇습니다.[320]

320) 벧전 1:15 "오직 너희를 부르신 거룩한 이처럼 너희도 모든 행실에 거룩한 자가 되라"

114. 둘째 속성은 무엇입니까?

답. 그것은(교회는) 보편적입니다.

115. 보편적(Catholic)이라는 것이 무엇입니까?

답. 도처에 존재하는(universal), 또는 전반적인(over all) 것입니다.

116. 전반적인 것이란 무엇입니까?

답. 세상의 모든 지역들(parts) 위에 있다는 것입니다.[321]

321) 시편 28편 전체

117. 하나님의 교회가 세상의 모든 지역들에 있습니까?

답. 있거나, 있을 것입니다. 지금은 어떤 장소에도 매이지 않습니다.[322]

322) 마 28:19 "그러므로 너희는 가서 모든 민족을 제자로 삼아 아버지와 아들과 성령의 이름으로 세례를 베풀고"
갈 3:28 "너희는 유대인이나 헬라인이나 종이나 자유인이나 남자나 여자나 다 그리스도 예수 안에서 하나이니라"

118. 셋째 속성은 무엇입니까?

답. 교회의 지체들 사이에서 교통(교제)를 갖는 것입니다.[323]

323) 요 17:11 "나는 세상에 더 있지 아니하오나 그들은 세상에 있사옵고 나는 아버지께로 가옵나니 거룩하신 아버지여 내게 주신 아버지의 이름으로 그들을 보전하사 우리와 같이 그들도 하나가 되게 하옵소서"

119. 얼마나 많은 종류의 잘 알려진 교통(교제)들이 있습니까?

답. 세 종류입니다.

120. 첫째는 무엇입니까?

답. 자연적인 교제로서, 그것은 부모와 자녀들 사이의 혈연 안에 있습니다.[324]

324) 엡 5:31 "그러므로 사람이 부모를 떠나 그의 아내와 합하여 그 둘이 한 육체가 될지니"
히 2:14 "자녀들은 혈과 육에 속하였으매 그도 또한 같은 모양으로 혈과 육을 함께 지니심은 죽음을 통하여 죽음의 세력을 잡은 자 곧 마귀를 멸하시며"

121. 이것이 여기에서 의미하는 교통(교제)입니까?

답. 아닙니다.

122. 둘째는 무엇입니까?

답. 정부(government) 안에서의, 시민적인(civil) 교제입니다.[325]

325) 벧전 2:13 "인간의 모든 제도를 주를 위하여 순종하되 혹은 위에 있는 왕이나"

123. 이것이 그 교제입니까?

답. 아닙니다.

124. 셋째는 무엇입니까?

답. 영적인 교제입니다.[326]

326) 엡 4:3 "평안의 매는 줄로 성령이 하나 되게 하신 것을 힘써 지키라"

125. 이 교제가 하나님의 교회에서 일어나는(incident)것입니까?

답. 그렇습니다. 이것이 그것입니다.[327]

327) 엡 5:23 "이는 남편이 아내의 머리 됨이 그리스도께서 교회의 머리 됨과 같음이니 그가 바로 몸의 구주시니라"

126. 어디에 그것이 있습니까?

답. 뿌리와 열매들에 있습니다.[328]

328) 요 15:5 " 나는 포도나무요 너희는 가지라 그가 내 안에, 내가 그 안에 거하면 사람이 열매를 많이 맺나니 나를 떠나서는 너희가 아무 것도 할 수 없음이라"

127. 뿌리는 무엇입니까?

답. 하나님의 영입니다.[329]

329) 고전 12:4,11 "4. 은사는 여러 가지나 성령은 같고 11. 이 모든 일은 같은 한 성령이 행하사 그의 뜻대로 각 사람에게 나누어 주시는 것이니라"

128. 열매들이란 무엇입니까?

답. 하나님의 영의 은혜들입니다.

129. 이 은혜들은 어떠한 것들입니까?

답. 부분적으로는 내적이고, 부분적으로는 외적입니다.

130. 외적인 것은 무엇입니까?

답. 하나님의 말씀과 성례입니다.[330]

> 330) 롬 9:4 "그들은 이스라엘 사람이라 그들에게는 양자 됨과 영광과 언약들과
> 율법을 세우신 것과 예배와 약속들이 있고"

131. 내적인 것은 무엇입니까?

답. 신적인(Divine) 것이나, 도덕적인(moral) 것입니다.

132. 신적인 것은 무엇입니까?

답. 믿음, 소망과 사랑이라는, 세 가지 신학적인 덕목들입니다.[331]

> 331) 요 1:16 "우리가 다 그의 충만한 데서 받으니 은혜 위에 은혜러라"
> 엡 4:7 "우리 각 사람에게 그리스도의 선물의 분량대로 은혜를 주셨나니"

133. 도덕적인 것은 무엇입니까?

답. 하나님의 영에 의하여 성화된 모든 도덕적 덕목들입니다.

134. 교회가 그리스도에 의해 얼마나 많은 유익들을 얻습니까?

답. 세 가지 조항에서 표현된, 세 가지입니다.

135. 첫째는 무엇입니까?

답. 이 세상에서의 죄의 용서입니다.[332]

332) 고전 15:17 "그리스도께서 다시 살아나신 일이 없으면 너희의 믿음도 헛되고 너희가 여전히 죄 가운데 있을 것이요"

행 2:38 "베드로가 이르되 너희가 회개하여 각각 예수 그리스도의 이름으로 세례를 받고 죄 사함을 받으라 그리하면 성령의 선물을 받으리니"

136. 둘째는 무엇입니까?

답. 이 세상 끝 날에 우리의 몸이 부활하는 것입니다.[333]

333) 고전 15:17,18 "그리스도께서 다시 살아나신 일이 없으면 너희의 믿음도 헛되고 너희가 여전히 죄 가운데 있을 것이요 또한 그리스도 안에서 잠자는 자도 망하였으리니"

137. 셋째는 무엇입니까?

답. 다가올 세상에서의, 영생입니다.[334]

334) 요 17:2 "아버지께서 아들에게 주신 모든 사람에게 영생을 주게 하시려고 만민을 다스리는 권세를 아들에게 주셨음이로소이다"

『번역 의도에 대하여』

개혁신학이 무엇이며, 특별히 장로교회는 어떤 신앙을 고백하는 가? 이에 대해 말하려고 한다면, 그 신학의 토대가 되는 여러 글들을 통해 파악하고 이해해야 할 것이다. 그러므로 최근까지 한국에도 개혁신학의 토대를 이루는 여러 저자들의 글이 많이 소개되기 시작하고, 실제로 많은 글들이 번역되어 출판되고 있다. 하지만 아쉽게도 개혁신학과 장로교회에 대해 잘 설명하고 가르쳐 주는 글들, 특히 정통 장로교회의 뿌리가 되거나, 근거가 되는 양질의 글들이 그리 많이 번역되고 있지는 못한 것이 아직까지의 현실이다.

사실 우리가 개혁파 장로교인으로서 성경으로 돌아가고자 할 때에, 17세기의 개혁주의 신학과 장로교회들의 교리들과 그 가르침들을 통해, 그리고 16세기 칼뱅에게로, 또한 그를 통하여서 바울로, 뿐만 아니라 바울을 통해 성경으로 돌아갈 때에, 비로소 성경을 가장 잘 해석하고 가르치며 배우는 것이다. 이런 의미에서 개혁파 장로교인을 지향하는 우리로서는 17세기 신학, 즉 웨스트민스터 회의 (1643~1648)에 참여한 성직자들의 신학을 존중히 여긴다. 윌리엄 트위스가 쓴 '기독교 교리에 대한 간략한 교리문답 해설(1632)'은 성경의 교리를 간단명료한 문답의 형태로 정의하여 성도들을 가르치는 데 사용했던 것이다. 이러한 교리문답들은 성격적일 뿐만 아니라 당시까지 가장 일반적으로 사용되던 방식이었으며, 윌리엄 트위스 뿐 아니라 수많은 개혁신학자들이 각기 작성하여 교회의 공적인 가르침에 활용했었다. 하지만 오늘날 우리의 교회 현실은 교리를 가르치지도, 교리문답을 사용하지도 않는 교회가 대다수인 현실이다. 그 결과로 이단을 추종하는 자들의 수는 날로 늘어나는 반면, 정통 교리를 바탕으로 하는 장로교도들의 수는 그나마도 급격히 감소해 버린 것이 현실이다. 물론 그렇게 된 원인은 여러 다양한 것들을 들 수 있겠지만, 가장 핵심적인 것은 하나님을 제대로 깨닫도록 하지도 못하고 오히려 오해하도록 만드는 가르침들에 있음을 부인하기 어려울 것이다. 따라서 윌리엄 트위스의 교리문답과 같은 좋은 유산들을 활용하여 성도들에게 바르고 분별력 있는 신앙을 가질 수 있도록 하는 것이 절실히 요구된다. 왜냐하면 종교개혁 이후로 작성된 요리문답들은 그 시대에 대한 교회의 변증과 저항의 정신을 뚜렷이 함축하고 있기 때문이다. 뿐만 아니라 그것은 실질적인 생활 가운데서의 믿음의 고백으로 뿌리내린 것이었다. 교리문답은 교회에서의 교육의 도구로서만이 아니라, 각 가정에서의 실질적인 신앙과 교육의 도구로서도 유익하게 활용되었던 것이다. 바로 그러한 의미에서 윌리엄 트위스의 요리문답과 같이 개인적으로 작성한 교리문답들을 소개하는 것은 현대에 있어서도 매우 큰 가치를 지니는 것이다.

『번역의 한계와 남겨진 과제』

몇 가지 면에서 번역의 한계를 밝히는 것이 필요하다. 첫째로, 표기방식의 차이와 자료의 보존문제이다. 본 역서는 1633년판을 기준으로, 1632년판, 1637년판, 그리고 1645년판의 2003년 편역판을 참고하여 번역하였다. 각 판별로 상이함이 있지만, 1633년판을 기준으로 하여 더 확실한 표현이나 성경구절을 참고했다.

둘째, 한국어의 표현으로는 다소 어색할 수 있지만, 되도록 원문의 표현을 그대로 직역하는 것을 기본으로 했다. 특히 단어나 문장의 시대적인 의미와 용법을 잘 모르는 경우가 있기에, 되도록 어색하더라도 직접적인 표현을 반영하고자 했다.

셋째, 그럼에도 불구하고 어떤 표현들은 현대의 성도들과 신학자들이 깊이 생각해 보아야 할 표현들이 있다. 예를 들면 십계명의 해석에 있어 "간음하지 말라"는 계명을 문답식으로 풀어내면서, 술 취하지 말 것을 그 계명의 해석으로 적용하는 부분들이 있는데, 그러한 적용은 더 깊이 생각하고 연구해 보아야할 부분들이라 하겠다. 그렇지만 전반적으로 간략하면서도 믿음과 생활에 유익한 내용들로 이뤄진 교리문답이므로 오늘날에도 잘 배우고 실천할 내용들이라는 데에는 큰 이견이 없을 것이다.